O EQUILIBRISTA

O EQUILIBRISTA
A VIDA, A CARREIRA E OS APRENDIZADOS DO EXECUTIVO
QUE FOI AMADO PELAS EQUIPES, PELO MERCADO E PELA IMPRENSA,
MAS NEM SEMPRE PELOS ACIONISTAS
© Almedina, 2023
AUTOR: Manoel Horácio Francisco da Silva

DIRETOR ALMEDINA BRASIL: Rodrigo Mentz
EDITOR: Marco Pace
EDITOR DE DESENVOLVIMENTO: Rafael Lima
ASSISTENTES EDITORIAIS: ILarissa Nogueira e Letícia Gabriella Batista
ESTAGIÁRIA DE PRODUÇÃO: Laura Roberti

DIAGRAMAÇÃO: Almedina
PRODUÇÃO: Jabuticaba Conteúdo
TEXTO: Maria Tereza Gomes | Jabuticaba Conteúdo
IMAGENS DA CAPA: Raul Júnior
CAPA: Klaus Bernhoeft | Zozi Design e Roberta Bassanetto

ISBN: 9786554270885
Junho, 2023

Dados Internacionais de Catalogação na Publicação (CIP)
(Câmara Brasileira do Livro, SP, Brasil)

Horácio, Manoel
O equilibrista : a vida, a carreira e os aprendizados do executivo
que foi amado pelas equipes, pelo mercado e pela imprensa,
mas nem sempre pelos acionistas / Manoel Horácio. –
1. ed. – São Paulo : Edições 70, 2023.

ISBN 978-65-5427-088-5

1. Autobiografias 2. Empresários – Brasil – Autobiografia
3. Executivos – Autobiografia 4. Experiências – Relatos
5. Memórias autobiográficas I. Título.

23-149209   CDD-338.04092

Índices para catálogo sistemático:

1. Empresários : Autobiografia 338.04092
Henrique Ribeiro Soares – Bibliotecário – CRB-8/9314

Este livro segue as regras do novo Acordo Ortográfico da Língua Portuguesa (1990).

Todos os direitos reservados. Nenhuma parte deste livro, protegido por copyright, pode ser reproduzida, armazenada ou transmitida de alguma forma ou por algum meio, seja eletrônico ou mecânico, inclusive fotocópia, gravação ou qualquer sistema de armazenagem de informações, sem a permissão expressa e por escrito da editora.

EDITORA: Almedina Brasil
Rua José Maria Lisboa, 860, Conj.131 e 132, Jardim Paulista | 01423-001 São Paulo | Brasil
www.almedina.com.br

MANOEL HORÁCIO
O EQUILIBRISTA

70

Para ser grande, sê inteiro: nada
Teu exagera ou exclui.
Sê todo em cada coisa.
Põe quanto és
No mínimo que fazes.
Assim em cada lago a lua toda
Brilha, porque alta vive.

RICARDO REIS, 14/2/1933
(heterônimo de Fernando Pessoa)

Dedico este livro à Maria Lúcia, pois sem ela dificilmente eu teria percorrido essa trajetória, e ao Alexandre e à Anacelia, que sempre deram um lindo colorido às nossas vidas.

Sumário

Parte 1 – Minhas origens   25
Horácio   27
Joaquim   31
Maria Célia   35
Maria Lúcia   39
Alexandre e Anacelia   45
Entregador de leite   49

Parte 2 – Vendedor de sonhos   53
Minha jornada   55
Aprendendo com os melhores   61
Falar a língua das pessoas   65
Sensibilidade pura   69
Lidando com as decepções   73
Criando o próprio destino   77
Bandejão para todos   85
Momento de liderar   89
"Eu me demito"   95

Parte 3 – A arte da reestruturação   107
Convite charmoso   109
Olho no olho   115
O diplomata ganhou   121
Keep it simple, stupid!   125
Estabelecendo uma visão   131
Horácio e seus cometas   133

Anexo – caderno de imagens	137
Figurando em capas de revista	137
Algumas momentos especiais	138
Personagens que cruzaram a minha história	141
Dentre as viagens pelo Brasil	144
Algumas das muitas aparições na imprensa	145
Lembranças de família	150
Criando a alma da empresa	155
Desempregado, de novo	165
Receita para a gestão participativa	175
Parte 4 – Quanto mais alto, maior a queda	179
Certeza	181
Uma relação na corda bamba	187
Ciúmes corporativos	191
Vida de banqueiro	195
No olho do furacão	199
Colegas de trabalho	203
Poder dividido	208
Parte 5 – A construção da imagem	215
O poder da verdade	217
Reputação é um processo de longo prazo	221
Passado incerto	229
Insegurança jurídica	235
Incertezas	237
Dilemas de conselheiro	241
Empresa de dono	245
Processo político de poder	249
Conclusão	255
Meus sonhos para o Brasil	255
Anexo	265

Agradecimentos

Tarefa difícil lembrar de todos que nos ajudaram a galgar os degraus de nossa existência, principalmente porque no meu caminho possivelmente esquecerei pessoas importantes, que deram suporte profissional e emocional à minha carreira. Mesmo assim, decidi correr o risco e vou mencionar os principais que vêm à memória. O primeiro foi Otto de Barros Vidal Jr., ex-vice-presidente executivo da Alcântara Machado Periscinoto Publicidade e depois sócio e chairman da NBS. Otto foi a minha inspiração de como ser um profissional íntegro, competente e líder. Convivemos desde os meus 14 anos, quando jogávamos basquete na quadra da igreja. Mais velho que eu, continuamos em contato por toda a vida.

Profissionalmente, o mais importante foi Jan Erik Andersson (já falecido), executivo sueco, que me descobriu na Ericsson e que impulsionou a minha carreira. Aprendi muito com ele, principalmente a "ler números" com facilidade. Destaco ainda Luiz Paulo Salomão, que conheci na primeira missão como CFO, que me ajudou a perceber como deve atuar um líder. Além disso, se tornou um dos melhores amigos, sempre pronto a escutar lamúrias e a enxugar lágrimas. Tive o privilégio ainda de cruzar, em 1980, com o ainda muito jovem executivo Roger Agnelli, que na época trabalhava no Bradesco e chegou à presidência da Vale do Rio Doce. Indicado por ele, cheguei à Vale e pude participar do seu processo de reestruturação após a privatização. Agradeço ainda a Sérgio Andrade, um dos controladores da Telemar, que me apoiou e soube escutar meus queixumes nos momentos difíceis, e a Walter Appel, controlador do banco Fator, amigo desde 1980, com quem trabalhei na última etapa da carreira. A todos os profissionais que realmente fizeram minha carreira, o meu profundo agradecimento. Foram tantos que mencionar alguns seria injusto com outros que igualmente me suportaram, nos dois sentidos da palavra.

Finalmente, a maior gratidão é para a Maria Lúcia, que soube entender cada etapa da minha carreira e estava ao meu lado nos momentos de estresse, de insegurança e de medo. Por causa dela, sempre soube que nossa casa era o meu porto seguro, acontecesse o que acontecesse.

Ao Horácio Lafer Piva meu agradecimento pelo prefácio carinhoso, que me emocionou. Saiba que sempre o admirei. Por fim, meu apreço ao advogado Sergio Marçal, advogado e amigo que gentilmente leu o manuscrito com sua apreciação para esta publicação.

Apresentação
Uma jornada e tanto

Para quem, como eu, trabalhou por mais de meio século, há muitos começos e recomeços que merecem ser destacados na apresentação de um livro autobiográfico como este. Eu poderia enfatizar o primeiro trabalho, ainda menino, vendendo flores para ajudar na sobrevivência da família de imigrantes portugueses. Poderia destacar o primeiro cargo como gerente, aos vinte e poucos anos, no qual aprendi o valor da liderança que inclui as pessoas nas decisões. Tem ainda os emocionantes anos à frente da maior empresa de telecomunicações do país na virada de século, período mais fértil da minha carreira, abruptamente interrompido pela demissão. Decidi, porém, começar pelo meu momento atual, aos 76 anos, casado com a Maria Lúcia, pai do Alexandre e da Anacelia, portador da doença de Parkinson.

Eu sempre me julguei extremamente saudável. Pratico esportes desde a adolescência e nunca tive problemas sérios de saúde, mas há três anos comecei a perceber que estava perdendo a sintonia fina da mão direita. A ressonância solicitada pelo neurologista mostrou uma diminuição nas células nervosas que produzem dopamina, justamente o neurotransmissor que leva os comandos do cérebro para várias partes do corpo. Comecei a perder a flexibilidade, a sentir maior rigidez muscular e a ter problemas de fala. Quem me conhece sabe que eu sempre fui muito falador e usava essa habilidade para envolver as equipes nos processos de transformação organizacional das empresas por onde passei. Eu também proferi muitas palestras ao longo da carreira e, segundo o feedback das plateias, eu era um orador divertido. Com a doença, tenho recusado todos os convites para falar em público, pois ela afeta, principalmente, a musculatura da fala. Tenho que voltar à infância e fazer exercícios de fonoaudiologia.

Os portadores de Parkinson se dividem em dois grupos: os 10% que são hereditários e os demais em cujas famílias não há histórico da doença. Acho que estou no primeiro grupo, já que descobri uma tia e um primo com a mesma doença. São 60 milhões de pessoas num mundo de 8 bilhões. Basicamente, um sorteio feito por Deus e eu fui selecionado. Desde que recebi o diagnóstico, já passei pela fase de tristeza, do questionamento e, atualmente, pela aceitação. Estou aprendendo a fazer escolhas em nome do meu bem-estar. Outro dia, entre assistir a um debate on-line e ir para a aula de tênis, escolhi o esporte. Afinal, eu preciso mais do tênis do que ouvir alguém falando sobre as mazelas do país.

A medicação me ajuda a manter uma rotina relativamente normal. Ainda jogo tênis de duas a três vezes por semana, faço ginástica regularmente, cuido dos negócios da família e ando de bicicleta — num domingo recente, fiz 32 quilômetros com meu filho e sua mulher. Não perdi o foco e nem o raciocínio lógico, e isso me permite continuar em atividade, fazendo reuniões, participando de conselhos de administração e saindo para almoçar com os amigos. A memória de curtíssimo prazo é um problema, mas a de longo prazo continua bem. Aliás, recorri a ela para escrever esta autobiografia. Bem antes da doença eu venho alimentando a ideia de deixar registrado o que vivi e aprendi ao longo da minha jornada, na esperança de que seja útil para as novas gerações. A tarefa foi facilitada por um hábito que adquiri desde o início da vida profissional: guardar cartas, recortes de jornais, artigos e outros documentos importantes. Agora, esse arquivo foi fundamental para checar datas, nomes e informações.

Desde que iniciei o planejamento deste livro, decidi que ele deveria ser mais do que uma biografia convencional, daquelas que contam cronologicamente a vida de alguém. Eu procurei apresentar a minha história a partir de grandes temas que sempre foram relevantes para mim. É por isso que o conteúdo está organizado em blocos, sem apego à linearidade cronológica, cada um dando ênfase a um tema, como liderança, reestruturação de empresas, aprendizados de carreira e imagem profissional. E, para que tudo fizesse sentido, na primeira parte conto um pouco das minhas origens pessoais e profissionais.

Adoro música, especialmente a clássica. Quem trabalhou comigo sabe que eu deixava o som ligado no escritório para ouvir enquanto trabalhava. Dois dos meus autores preferidos são o russo Sergei Rachmaninoff e o alemão Gustav Mahler. Até hoje, deixo o som no volume baixinho enquanto trabalho aqui em casa. Certa vez, participei de um treinamento de liderança com a OSESP, a Orquestra Sinfônica do Estado de São Paulo. A ideia era mostrar a importância do trabalho em equipe e outros conceitos de gestão de pessoas por meio da experiência dos músicos. Eu estava sentado na plateia quando alguém me chamou para subir ao palco e dirigir a orquestra. Por sorte, eu conhecia de cor a música *Pompa e circunstância* (*Pomp and circumstance*) de Edward Elgar e, após as instruções do maestro, consegui dirigir os músicos, embora eu saiba que eles tocariam mesmo sem a minha direção. A experiência foi muito gostosa e terminei aplaudido. Como essa, tive muitas outras experiências proporcionadas pelo meu trabalho das quais me orgulho de ter participado.

Outra experiência memorável aconteceu no evento de lançamento da marca Telemar dentro da Academia Militar das Agulhas Negras, em Resende, no estado do Rio de Janeiro. A emoção tomou conta de todos — eu chorei — quando hasteamos a bandeira da empresa junto com a bandeira do Brasil ao som do Hino Nacional. Estavam ali cerca de dois mil profissionais das 16 operadoras que foram agregadas sob o guarda-chuva da Telemar. Aquele momento representou o ápice na minha carreira porque resume a crença de que qualquer transformação organizacional só pode ser feita com e para as pessoas. Acredito que minha maior contribuição nas empresas que liderei foi motivar equipes para construir uma visão de futuro compartilhada por todos. Eu não acredito em estratégia nascida em algumas mentes iluminadas que ocupam cargos do topo da pirâmide. Pelo menos para mim, o que funcionou foi a gestão participativa, pela qual compartilhamos a elaboração da estratégia, a sua execução e os seus resultados.

Quem avaliar o meu currículo verá uma carreira bem comum aos executivos do meu tempo, entre os anos 1970 e 2010: entrei nos cargos iniciais e fui subindo a ladeira corporativa até me tornar CEO e membro de conselhos de administração. A diferença é que tudo aconteceu muito cedo para mim. Com 26 anos, eu já era diretor financeiro da Ficap, no Rio de Janeiro, e com 35 já comandava as áreas financeira e de relações com investidores da multinacional sueca Ericsson Brasil (função que acumulei por algum tempo com a presidência da subsidiária Matec), em São Paulo. Aliás, a empresa sueca me deu as maiores oportunidades profissionais nas primeiras duas décadas de carreira, mas também a frustração de ter sido preterido para liderá-la. Eu era cria da casa, conhecido por todos, mas a minha atitude independente, de sair fazendo sem pedir autorização, não agradava a todos. O que eu podia fazer? Criei a oportunidade em outro lugar — estratégia que adotei em toda a minha carreira. Mesmo que tenha gerado sofrimento, cada mudança aconteceu no momento certo e com todas elas ganhei conhecimento e experiência.

Assim como a música, a poesia sempre fez parte da minha vida. Quando eu era jovem, e ainda achava que ia salvar o mundo, escrevia poesias e imaginava que um dia seriam publicadas em livro. Ainda guardo uns 40 textos em alguma gaveta, mas hoje percebo que eram bem imaturos, típicos da idade. A minha referência básica em poesia é meu conterrâneo Fernando Pessoa. Mantenho um livrão dele na mesa de cabeceira para ler de vez em quando. É de Ricardo Reis, um de seus heterônimos, a poesia "Para ser grande, sê inteiro: nada", que me ajudou a consolidar a imagem do reestruturador de empresas que usa a poesia para mobilizar as pessoas. Usava o texto para falar de liderança, de sonhos, de conquistas. Era a minha forma de tirar o racional da situação e motivar pela emoção. Procurava levar um pouco de romantismo da poesia para o trabalho como forma de deixar o fardo de todos mais leve.

Eu começava as minhas falas para as equipes com a primeira estrofe "Para ser grande, sê inteiro" e perguntava o significado para as pessoas. Depois de ouvir as várias interpretações, eu resumia dizendo que, para mim, era ser íntegro, ter caráter, ser honesto. Continuava com "Nada teu exclui ou exagera" — ser você mesmo em tempo integral — e "põe tudo que és, no pouco que fazes" — a importância de colocar o coração para tornar a jornada mais leve e gostosa. Arrematava com a última estrofe: "assim em cada lago a lua toda brilha, porque alta vive". Era muito rico ouvir o pessoal concluindo que se colocarmos o coração naquilo que fazemos, seremos pessoas iluminadas.

Nestas poucas estrofes, Fernando Pessoa dá uma das maiores lições de liderança que você pode ter. Utilizando a poesia, consegui desenvolver um estilo de gestão que se tornou minha marca registrada, com a qual era identificado pelas minhas equipes, pelos potenciais empregadores e pela imprensa. Em 2001, por exemplo, quando entrei na lista dos "Executivos de Valor", do jornal *Valor Econômico*, o título que deram ao meu perfil foi "Versos de Fernando Pessoa inspiram a revolução promovida na Telemar"[1]. É uma coisa que fiz sem planejamento porque a poesia já era parte da minha vida. Apenas a levei para o trabalho e, assim, conquistei as pessoas para os projetos de mudança que liderava. Também utilizei o poema de Fernando Pessoa para refletir sobre a minha carreira e sobre as decisões que precisei tomar ao longo dos anos. Os versos falam de integridade, de nos entregarmos às causas que abraçamos e de vivermos de acordo com princípios éticos. Eu jamais planejei chegar aonde cheguei porque sempre achei mais importante dar o máximo de mim em tudo o que eu fazia. Como consequência, ou era promovido ou ia para uma outra empresa.

---

[1] Heloisa Magalhães, *Valor Econômico*, 05/04/2001.

Tenho orgulho dos prêmios que ganhei e das muitas menções nas listas dos "executivos mais cobiçados do mercado" publicadas pela imprensa. Eles foram importantes na minha trajetória porque de alguma forma reconheceram o trabalho feito por mim e pelas equipes com as quais trabalhei. No entanto, nenhum deles foi mais importante do que a jornada em si. Essa, sim, foi emocionante e estou feliz de compartilhá-la com você nas páginas deste livro. Boa leitura.

Prefácio

Se eu fosse mais esperto, em vez de perder tempo escrevendo este prefácio, estaria negociando com o Manoel Horácio uma sociedade ou um parrudo contrato de trabalho...

Chiste à parte, até porque meu xará já passou da fase de esforços insanos e administração de conflitos e vaidades, o fato é que falar dele e deste seu livro é um passeio e uma honra. Um convite que me surpreendeu e me alegrou pela oportunidade de aprofundar um já nosso convívio excepcional.

Sim, Manoel Horácio é uma figura humana admirável e um profissional de histórias e conquistas. E é isto que estas páginas nos oferecem, mostrando os "comos" e "porquês" de seus reconhecidos atributos pessoais, humanistas, profissionais e educativos.

O texto tem ritmo e nos permite embarcar numa viagem cognitiva, gerando ainda mais proximidade, respeito e intimidade com o autor. Os trechos mais curtos e os capítulos despretensiosos ajudam a passear pela obra toda com prazer e sem riscos de substituirmos curiosidade por cansaço, o que é uma chateação recorrente em biografias.

Se a vida e a carreira de Manoel Horácio não são aquele exemplo clássico de superação e vitimização, por outro lado certamente seu percurso mostrará obstinação, foco, humor, como enfrentar desafios se tornando um profissional melhor e um cidadão ainda mais profundo, o que sabemos não ser fácil em se considerando os apelos diabólicos do poder e do dinheiro. Vitórias, escorregões e maldades o fizeram cada vez melhor. Afeto, amigos e família o fizeram cada vez maior.

Conheci Manoel Horácio faz muitos anos, inicialmente como um admirador à distância, para finalmente encontrá-lo nesta vida bandida de empresários que discutem o Brasil e cooperam entre si com suas experiências corporativas.

Tive a sorte de compartilhar com minha Verena a generosa mesa de Maria Lúcia, na qual várias pessoas apreciaram a prosa e os sabores. E até na vibrante Casa de Pedra já deixei feliz um bocado de meus suados tostões.

Seus não poucos amigos vão gostar de estar com ele por meio desta obra, tão autêntica quanto bem escrita. Os que não o conhecem vão reabastecer seus espíritos com otimismo e exemplos vividos de bons erros e, melhor ainda, sua capacidade de resiliência e ações eficazes, centradas correta e prioritariamente em capital humano, tema que ele soube explorar antes de se tornar uma verdade insofismável.

Leiam! Curto, sintético, mas com qualidade e alegria autênticas. E, para nossa sorte, compartilhado.

Manoel Horácio é um personagem de seu tempo no que este tem de melhor. Integridade, lealdade e transparência, como ele mesmo pontifica e seus companheiros avalizam. Manoel Horácio é o que fez, faz e fará.

Felicidade tê-lo entre nós.
Leiam!

HORACIO LAFER PIVA
Acionista e membro do conselho de administração da Klabin

PARTE 1

Minhas origens

Horácio

Sou o filho do meio de Joaquim Francisco Curto e Maria Célia da Silva, portugueses de um vilarejo chamado Azurveira, freguesia de Bustos, distrito de Aveiro. Situado a 250 quilômetros ao norte de Lisboa, de clima mediterrâneo, Aveiro é conhecida como a "Veneza de Portugal" pelos seus canais com *moliceiros* — as gôndolas locais — e praias de veraneio. Nasci bem longe do charme da cidade, em 1 de julho de 1945, na zona rural. A Segunda Grande Guerra terminou 45 dias depois, mas naquele momento, a esperança que embalava o mundo não alcançou Joaquim e Maria Célia. Meus pais eram donos de pequenos lotes de terra, fruto de herança, onde plantavam tudo que comiam, e pequenos vinhedos, onde produziam vinho para o próprio consumo. Produziam para a sobrevivência, e com o excedente agrícola, compravam o que faltava para viver.

Com vinte e poucos anos e família para criar, meu pai não via futuro ali. Em 1946, embarcou para o Brasil, deixando minha mãe, o Adelino, meu irmão mais velho, e eu — o Paulo, caçula, nasceu em São Paulo. Ele não foi o primeiro de nossa família a se aventurar em terras brasileiras. Décadas antes, meu avô materno, Manoel, veio trabalhar como mão de obra na construção de ferrovias. Fez isso três vezes. No início do século XX, Portugal era um país pobre e talvez a experiência do sogro tenha dado a meu pai a esperança de que teria mais oportunidades no Brasil. Acho incrível que ele, uma pessoa tão pacata, tenha tido a coragem de vir sozinho e se estabelecer em outro país. Depois de um ano, ele nos chamou.

Chegamos em setembro de 1947. Eu tinha dois anos de idade quando deixamos Lisboa a bordo do Serpa Pinto, transatlântico português pertencente à Companhia Colonial de Navegação, que ligou Portugal ao Brasil durante 14 anos, período em que teria transportado 110 mil pessoas entre os dois países. Como tínhamos dinheiro apenas para a passagem mais barata, viajamos no porão do navio, bem no estilo do Jack, o personagem de Leonardo di Caprio em *Titanic*. Não tenho lembranças da viagem de duas semanas, mas uma foto que guardo até hoje mostra a família reunida, ainda no Porto de Santos. Meu pai foi nos buscar e subimos para São Paulo.

A Vila Mariana em 1947 já era um bairro desenvolvido e completamente urbanizado, com pouquíssimas áreas livres para novas construções. Ao chegar ao Brasil fomos morar na rua Estela, numa chácara de plantas e flores. Já existia o Colégio Bandeirantes, que fazia limite com a chácara e avançava no que hoje é a Avenida 23 de Maio. A chácara pertencia a um tio. Quando chegou ao Brasil, meu pai construiu um barracão, que virou nossa casa por algum tempo. Embora a Vila Mariana fosse bem urbanizada, depois de alguns meses, meu pai encontrou um terreno vago na rua Cubatão, bem próximo da Estela, ao lado de uma vila de casas que chamávamos de cortiço. Não sei com quem ele tinha feito um acordo para a ocupação do terreno, mas construiu um outro barracão de terra batida, onde fomos morar por quase um ano. Foi ali que meu pai começou a fazer sua chácara de flores. Ele plantava e minha mãe, quando não estava trabalhando de doméstica, saía vendendo nas redondezas.

Algum tempo depois, nos mudamos para uma das casas da vila, que tinha uma pequena cozinha e um quarto. O banheiro, fora de casa e distante, era compartilhado por três famílias. Era dureza, nos invernos da primeira metade do século passado, em São Paulo, sair de casa para ir ao banheiro. Água quente nem pensar. Quando eu tinha uns quatro anos e o Adelino uns seis, nós dois saíamos com uma cestinha cheia de maços de amor perfeito, que vendíamos a 50 centavos na moeda da época. É minha primeira lembrança de algo parecido com trabalho. Com sete anos, ia a pé com meu irmão para a escola. Foi na sala de aula que descobri que meu nome era Manoel. Quando a professora chamou Manoel Horácio Francisco da Silva, eu não respondi. Por que isso? Porque em Portugal quem dá o nome próprio é sempre o padrinho. Meu padrinho era Manoel. Minha mãe não gostava, preferia Horácio. Botou os dois, mas ninguém me chamava assim. Era só Horácio e é assim que as pessoas mais próximas me chamam até hoje.

Deixamos o quarto e cozinha da rua Cubatão quando eu tinha uns dez anos. Não sei dizer como, mas meus pais conseguiram guardar dinheiro para uma sociedade na compra de um pequeno armazém no bairro Campo Belo, perto de uma estação de força e de uma rua onde passava bonde elétrico. Realmente, era muito peculiar aquele lugar. Então, moramos na primeira casa que de fato era uma casa. Tinha cozinha, sala e dois quartinhos e banheiro. Meu pai tentou ajudar no balcão, mas logo voltou a ser jardineiro. Ele nunca se acostumou a trabalhar entre quatro paredes. Preferia o ar livre, seus jardins. Nós o chamávamos de botânico por causa de seu talento com as plantas.

Onde ele botava a mão, floria. Com a falta de experiência e a sociedade errada, em pouco tempo tiveram que sair do negócio. Então, fizeram uma nova tentativa de comprar outro pequeno armazém no bairro Chácara Santo Antônio. É difícil hoje termos a imagem daqueles pequenos armazéns de não mais de 30 metros quadrados. A nova empreitada foi mais positiva e acredito que conseguiram num prazo de dois a três anos aumentar o seu valor e vendê-lo. Como já disse, quem cuidava do negócio era minha mãe, que logo desistiu de continuar.

O interessante da vendinha é que, no começo, as entregas eram feitas pelo meu irmão mais velho. Logo cedo, ele deixava o leite fresco na porta dos clientes. Telefone era item de gente rica e a solução era passar de casa em casa para anotar o que as pessoas precisavam, tirando pedido de arroz, feijão, trigo e outros alimentos. Tudo vendido a granel. Tempos depois, ele arrumou um emprego e eu o substituí. Tinha de onze para doze anos. Quando o armazém foi vendido, permaneci como empregado. Fazia entregas durante o dia e estudava à noite.

Naqueles primeiros anos no Brasil, nunca passamos fome, mas era uma vida de muitas restrições. Lembro que meu pai compartilhava com a gente o lanche da tarde que ganhava nas casas onde fazia o jardim. Era pão com manteiga — eu amo pão até hoje. O dinheiro era sempre pouco, mas como todo imigrante, a gente guardava cada centavo. Quer dizer: a minha mãe guardava. Ela era a arquiteta financeira da família, pois o meu pai foi o cara mais desprovido da necessidade de dinheiro que eu vi na minha vida, porém extremamente responsável por prover a família. Os dois se casaram por procuração. Eram muito diferentes, mas viveram juntos a vida toda.

Joaquim

Eu não lembro de ver os meus pais brigarem. Ela era séria e extremamente religiosa. Ele era um garoto crescido, amado por todo mundo, bom papo, não se preocupava com dinheiro. Como bom português, se tinha comida e vinho na mesa, estava tudo bem. Não era religioso, mas um homem de palavra, muito honesto. Não ia à igreja e nem frequentava a vida social em torno da igreja Batista da Vila Mariana, mas fazia questão que fôssemos. Ela, dura. Ele, calmo. Ela corria atrás de nós para bater de vara enquanto os operários da fábrica em frente gritavam: "Pega ele, dona Maria". Uma única vez vi meu pai bater no Paulo. Que eu me lembre, nunca bateu em mim nem no Adelino.

Por volta dos meus sete anos, minha mãe sofreu os efeitos de acordar às 5 horas da manhã, enfrentar a garoa de São Paulo, pé no chão, para regar os canteiros. Ficou doente e recomendaram que passasse uns tempos em clima seco. Embarcamos num Eugenio C de volta a Portugal: ela, eu e o Paulo, de novo com a passagem mais barata, mas dessa vez lembro que o calor no porão era insuportável. Ficamos na casa onde eu nasci, que continuava sem energia elétrica. Eu me lembro das frutas, do lugar onde secam o feijão, do estábulo com vaca, da ruazinha com oliveiras. Lembro-me de andar de carro de boi com meu avô materno e dos vinhedos. Foram oito meses muito gostosos da minha infância.

Voltamos para São Paulo e a vida seguiu com meu pai sempre alegre e tranquilo. Saía para trabalhar de bicicleta, com o alfange nas costas. Ele era uma pessoa alegre, mas com o tempo, enquanto crescíamos na educação formal, foi ficando retraído em relação aos filhos. Não sei quanto tivemos de culpa nesse seu comportamento, porém sempre foi um pai presente e cuidador e não escondia o orgulho de ter os filhos na educação superior. O corre-corre daquele tempo também foi um fator a nos distanciar, pois todos nós trabalhávamos durante o dia e estudávamos à noite. Como a grande parte dos imigrantes daquela época, ele nunca foi à escola; aprendeu a ler e a escrever com a minha mãe. Os portugueses que emigraram no pós-guerra tinham a definição jocosa de burros e eram motivo de muitas piadas. Eu sofri esse *bullying* do português burro, tinha que provar que era inteligente. Até o ginásio, sempre em escola pública, me mantive entre os quatro melhores da classe.

Nós nos reconectamos bem mais tarde, quando eu já era executivo e morava no Rio de Janeiro. Todo mês, eu retornava para São Paulo e ia visitá-lo; a garrafa de vinho tipo Sangue de Boi era colocada no meio da mesa e a gente conversava. Quando voltei a morar em São Paulo, lá pelos 35 anos, já podia comprar vinhos melhores. Então, eles iam almoçar lá em casa aos domingos. Nessa redescoberta, vi o quanto ele era carinhoso, uma pessoa agradável de conviver. Essa fase durou só três anos. Ele teve um AVC enquanto fazia a barba dentro do navio numa viagem para Portugal, chegando em Lisboa. Minha mãe ligou dizendo que ele estava no hospital e queria ver os filhos. Isso foi numa sexta-feira e os meus irmãos estavam com o passaporte vencido. Comprei uma passagem e fui sozinho no dia seguinte. Durante o voo, ele morreu. Tinha 67 anos.

Decidimos enterrá-lo em sua aldeia natal. Depois de três dias enfrentando burocracia portuguesa, levamos o caixão lacrado. Quando chegamos em Bustos, tinha uma fila de gente que foi dar o último adeus a ele. O enterro parecia uma cena de filme: o carro fúnebre na frente, seguido por uma fila liderada pela minha mãe. Atrás dela, parentes e muitos amigos. Aconteceu uma cena engraçada na hora do enterro: o caixão comprado em Lisboa era maior que o espaço disponível no túmulo da família. Aí começou uma discussão danada de primos, todos falando alto, até que buscaram a ferramenta para quebrar a parede de baixo e achar espaço para o caixão. Esse era o meu pai. Se pudesse voltar no tempo, gostaria de compartilhar com ele o conforto que tenho hoje. Não é dinheiro, não. Eu ia levá-lo até a casa que tenho na Pedra do Baú, em Campos do Jordão, cercada de natureza, e ia dizer: "Pai, fica aí. Pesca seu peixe, bebe seu vinho". Ele adorava pescar. É a vida que eu gostaria de ter dado para ele, que ele não teve.

Maria Célia

Há oito anos, levamos as cinzas da minha mãe para ficar junto dele. Fomos os três filhos. Ela teve Alzheimer e morreu com 89 anos. Foi muito triste vê-la no fim da vida vegetando, sem me reconhecer. Era uma mulher de muita energia, que passou a vida trabalhando. Começou a declinar somente aos 83 anos, quando foi atropelada por uma moto no centro de São Paulo. Teve o crânio rachado e foi levada para o pronto-socorro do Hospital das Clínicas. Como ela sumiu, meus irmãos começaram a procurá-la. Na época, eu trabalhava no Rio, na Telemar. Quando eu entrei no pronto-socorro, a ouvi gritando "me solta, me solta". Quis transferi-la, mas uma médica conhecida me aconselhou: "Não tira ela daqui porque está sendo tratada pelo melhor neurologista de São Paulo". E estava mesmo, quase não teve sequelas. Ela ficou mais uns dois anos assim, independente, andando sozinha por São Paulo. Então, apareceu o Alzheimer e a levou.

Era uma mulher muito bonita, dura, brava, de poucos carinhos; nos colocava na linha. A única vez que a vi chorar foi quando estávamos voltando de Portugal naquela viagem quando eu tinha 7 anos. Por alguma razão, havíamos perdido o almoço. Ela foi discutir que os filhos estavam com fome, mas no porão lá embaixo não havia benefício algum. Ela nunca pegou um táxi, só andava de ônibus. Mais tarde, por volta de 1955, foi uma das primeiras mulheres que eu vi dirigindo um carro em São Paulo (meu pai nunca dirigiu): quando compramos aquele armazém, ela tinha uma caminhonete Ford 1938, que usava para ir buscar mercadoria. Depois nunca mais deixou de negociar alguma coisa. Lembro de uma Vemaguet[2] com a qual buscava frangos vivos e ovos na periferia, que matava e vendia pela cidade. O carro ficava infestado com o cheiro dos bichos. Ela não parava. Era uma negociante nata.

No final da vida dela, virou corretora de imóveis e falava assim: "Quando eu precisava de dinheiro, não tinha. Agora, que vocês estão formados, não preciso de dinheiro, mas ganho dinheiro". Como sempre falava a verdade, inspirava confiança. Diante de um pedido de cliente, ela perguntava: "Quanto você quer gastar?". Se a resposta fosse "Ah, quero gastar 'x' milhões", ela não se fazia de rogada: "Esquece, não vou perder nem meu tempo nem o seu. Você não vai comprar por esse preço". Ela não tinha realmente o mínimo talento para ficar em cima do muro, amenizar. Era direta, nada politicamente correta. Todo mundo que comprava ou vendia um imóvel utilizando seus serviços sempre a procurava para novas operações. Ela ia dirigindo um Gol velho para a corretora. Se o carrinho quebrava, ia de bicicleta. Era um desastre na direção e, quando a deixávamos responsável pelas crianças, meus filhos preferiam voltar a pé da escola a entrar no carro com ela. Se estava dirigindo e via uma placa de "vende-se", freava bruscamente. Levou muita batida na traseira por causa disso. Depois do acidente no centro, tiramos as chaves dela.

---

[2] Automóvel brasileiro produzido nos anos 1960 pela Vemag.

Meus irmãos acham que eu era o filho preferido dela. Com certeza, era a mim que ela mais recorria. A Maria Lúcia, minha mulher, conta que quando a gente morava no Rio, se ela precisasse de alguma coisa, mesmo com os outros dois filhos em São Paulo, era para mim que ela pedia. Eu sou um pouco cópia dela, no comportamento, em tudo. Não me lembro direito, mas acho que ela estudou até o quinto ano. Os parentes contam que era uma aluna brilhante, mas meu avô a tirou da escola para trabalhar na propriedade da família. Tinha o sonho de ser professora, talento que desenvolveu mais tarde na igreja ensinando a bíblia na escola dominical. Conosco, sempre foi uma mãe preocupada com a nossa educação. Nós três fizemos faculdade: Adelino é engenheiro mecânico e o Paulo é engenheiro químico; eu, administrador de empresas. Ela também gostava de aprender. Certa vez, na década de 1970, vim do Rio para visitá-la. Quando cheguei em casa tinha um piano na sala: estava aprendendo a tocar. Depois de um tempo, apareceu um órgão. Sua intenção era tocar os hinos da Igreja.

Com sua determinação brutal, ela criou na família a cultura da economia. Havia um caixa único. Até os 21 anos de idade todo mundo trabalhava, pegava o salário e entregava na mão dela. Só ficávamos com o dinheiro para a condução. Depois dos 21 anos, ela falava: "Agora, façam economias para o futuro de vocês". Nos aniversários, havia um bolo simples, que era muito esperado. Não tinha presentes nos aniversários nem no Natal. Os meus brinquedos eram improvisados e as brincadeiras aconteciam ao ar livre em torno de um abacateiro e canteiros de flores. Entre os meninos, não existia isso de "minha cueca", "minha camisa". Era tudo compartilhado. Certa vez, durante uma festa na igreja, fiquei muito tempo em frente a uma barraca que vendia uma espécie de Nhá Benta. Olhava para o doce com uma cara de felicidade, mas não tinha dinheiro para comprá-lo. Um membro da igreja percebeu a minha vontade e o comprou para mim. Aquilo marcou a minha vida. Esse senhor era psicólogo e o motivo de Psicologia ter sido a minha primeira opção profissional. Eu desejava ser como ele.

O fato é que minha mãe fazia o caixa render e isso foi importante na minha vida profissional, quando precisei reestruturar seis empresas em dificuldades organizacionais ou financeiras. Ela era a principal responsável por todos os filhos frequentarem regularmente os serviços religiosos. Sem dinheiro e na rigidez dos princípios protestantes, toda nossa vida circulava ao redor da igreja. Incluindo as festinhas dos jovens. Participei regularmente dos serviços da igreja até que a rotina de trabalho não permitisse mais. Isso durou até uns 42 anos, mas acho que até hoje meu nome está ligado à igreja e, desde que me aposentei pelo INSS, em 1996, esse dinheiro vai todo mês para o Lar Batista das Crianças.

Cantei no coral dos 13 aos 42 anos. Sou barítono baixo e fui solista algumas vezes. Esse meu envolvimento com as coisas da igreja chegou a causar um questionamento quando comecei a namorar a Maria Lúcia, que não era batista. Aos domingos, por causa dos cultos e dos ensaios do coral, eu sumia. A gente namorava só de segunda a sábado. Felizmente, ela entendeu, começou a ir a alguns eventos e o namoro continuou. Algumas das nossas melhores amizades nasceram nesse ambiente religioso. Quando penso sobre aquela época, vejo que hoje tenho mais dúvidas que certezas sobre tudo, mas certamente esse ambiente me proporcionou um excelente treinamento para liderança.

Maria Lúcia

Na juventude, eu era encantado por psicologia. Então, fui fazer um cursinho preparatório para a faculdade, na esquina da São João com o Anhangabaú, no centro de São Paulo. Prédio antigo, pequeno. Eu era um dos três rapazes numa classe de 40 alunos. A Maria Lúcia diz que eu era muito social, mexia com as meninas, brincava com todas, paquerava várias ao mesmo tempo. Acontece que, quando ela chegou, eu já estava enturmado. Lembro que ela era muito quieta, usava aparelho e maria chiquinha. Como pegávamos o mesmo ônibus de volta para casa, a gente ia conversando. Era 1965 e tínhamos 19 anos. Começamos a namorar durante um passeio de barco na represa de Guarapiranga. Nos casamos quatro anos e dois meses depois na Igreja Batista de Vila Mariana, em setembro de 1969.

A igreja parecia um jardim. Meu pai e um amigo fizeram a decoração com azaleias brancas e outras flores. Naquela época, não havia o hábito de filmar casamentos, mas um amigo foi lá, gravou e nos deu a fita de presente. Tinha muita gente, umas 700 pessoas, pois eu era muito popular e a notícia do casamento saiu no boletim da igreja uma semana antes. Todo mundo se sentiu convidado. Lembro que o pastor fez um sermão longo e citou o Salmo 84:3: "Até o pássaro encontra um abrigo, e a andorinha faz um ninho para pôr seus filhos. Ah, vossos altares, Senhor dos exércitos, meu rei e meu Deus!".

Eu era magrinho, pesava 62 quilos e já tinha um salário razoável para formar um novo lar. Maria Lúcia entrou na igreja linda com um vestido que ela desenhou e mandou costurar na rua São Caetano, a famosa rua das noivas, no centro de São Paulo. A festa no salão da igreja teve bolo e guaraná. Depois, pegamos o fusquinha bege da minha mãe e fomos para a lua de mel em Monte Verde, Minas Gerais. A vida de casado começou num quarto 3x3 na casa dos pais da Maria Lúcia, pois o apartamento que eu havia comprado pelo BNH teve as obras interrompidas e não ficou pronto a tempo. Quando comprei outro, nos mudamos com um colchão, um fogão e uma geladeira. O armário da cozinha era uma toalha de mesa estendida no chão da sala. O sofá era formado por quatro almofadas costuradas pela Maria Lúcia. Era um bom apartamento, de 90 metros, com dois quartos. A vida era simples; comemos muito macarrão com sardinha. Quando sobrava uns trocados, pedíamos pizza. Nossa casa sempre estava cheia de amigos. Naquela época, dois colegas cariocas da Ericsson moravam no mesmo prédio sem as mulheres, que tinham ficado no Rio de Janeiro. Pelo menos duas vezes por semana, eles iam jogar buraco e jantar a comida da Maria Lúcia.

Ela trabalhou em um banco até nossa primeira mudança para o Rio de Janeiro, quando assumiu de vez a coordenação da família. A casa é o território dela e não admite interferências. Quando saí da Telemar e fiquei um ano sabático, um dia reclamei da empregada e ela falou: "Pode parar, não se mete aqui". Quando eu me aposentei, a mesma coisa. Estou em casa, vejo ineficiências, pontos de melhorias aqui e ali, mas não adianta falar. Ela cozinha bem para burro e eu sempre me senti seguro de trazer as pessoas do trabalho para comer em casa. Muitos executivos suecos que frequentaram nossa casa em encontros de trabalho viraram grandes amigos. Quando íamos à Suécia, éramos convidados para a casa deles. Ela é capaz de preparar um jantar para 25 pessoas como se fosse para nós dois. E recebe o faxineiro e o presidente com a mesma naturalidade.

Nós dois gostamos muito de receber. Quando fiquei morando sozinho no Rio, comecei a cozinhar também, mas ligava para a Maria Lúcia para tirar dúvidas. Antes, só pilotava a churrasqueira. Adquiri o hábito de convidar as equipes com quem trabalhei para eventos aqui em casa. Às vezes assava carne, noutras, peixe. Se existisse, o meu restaurante teria uma placa *"choses de charbon"*, porque tudo seria feito com carvão. O tiramissu que a Maria Lúcia fazia de sobremesa era um sucesso, mas nunca contou a receita para os convidados.

Ela é organizada e sempre fez planilha das despesas da casa. Sabe onde está gastando cada centavo. Faz o fluxo financeiro no computador, que usa melhor que eu. Quando as crianças eram pequenas, fui um pai mais presente. Durante a minha primeira estada no Rio, quando a família foi comigo, dava banho, brincava, dava comida. Acordava à noite, pois a Maria Lúcia, esperta, os ensinou a me chamar de madrugada. Eu chegava do trabalho e a criançada da rua vinha para a nossa piscina; no fim de semana tinha sempre churrasco com os vizinhos porque era uma ruazinha com casas simples e pequenas. Isso mudou nas outras passagens pelo Rio, quando voltei sozinho e eles ficaram em São Paulo. Desde aquela época, adotei como regra nunca dormir mais de duas noites fora de casa. Segunda-feira eu dava plantão no escritório da Ficap em São Paulo. Na terça de manhã, levava as crianças para escola e ia pro aeroporto. Dormia no Rio na terça e, na quarta, se pudesse, vinha dormir em São Paulo para repetir a rota casa-escola-Congonhas. Pegava a ponte aérea, dormia lá e voltava na sexta feira. Fiz disso uma rotina. Eu era um cidadão da ponte aérea e funcionou direitinho. Não queria perder o contato com a rotina da família. Maria Lúcia ia todo mês para o Rio e passava um pouquinho de tempo no apartamento que a empresa comprou para mim na Barra. Era uma delícia.

Acho que fui um bom pai, mas vejo todos os dias o quanto a Maria Lúcia é generosa com os nossos filhos. Acaba assumindo tarefas que seriam do Alexandre e da Anacelia. Tivemos filhos quando já estávamos maduros, com 29 anos. Os dois nasceram no Rio e vieram pequenos para São Paulo. A nossa casa foi aumentando de tamanho conforme o meu salário e a família aumentavam. Começamos com um apartamento alugado na Tijuca e, no início da década de 1970, compramos uma casa maior numa pequena rua, ainda em Jacarepaguá. Depois, nos mudamos para um condomínio, uma casa maravilhosa. Para tristeza de todos, no entanto, nos mudamos em janeiro e, no mês seguinte, fechamos tudo para voltar a São Paulo, pois fui chamado para ser diretor financeiro da Ericsson. Ninguém queria deixar o Rio e cheguei a pedir para o meu chefe me segurar lá, queria que ele dissesse: "Você é necessário aqui, fica", mas sabiamente ele disse: "Se quiser ir, você vai. Se quiser ficar, você fica". Foi uma decepção para mim, mas ele estava certo.

Eu não podia recusar, pois tinha acabado de passar três meses fazendo o *Advanced Management Program* (AMP), na Harvard University, sozinho, longe de todos — e, depois de fazer todo esse investimento em mim, a empresa estava insistindo para que eu fosse morar em NY e tomar conta da área de cabos da Ericsson na América Latina. Eu recusei, pois achava que a economia brasileira iria deslanchar e eu, um imigrante, preferia ficar no país. Quando me chamaram para voltar a São Paulo, tive que aceitar. Ninguém queria fazer a mudança e acho que foi difícil no começo, mas rapidamente a família se acostumou à vida paulistana. Nas outras vezes em que fui trabalhar no Rio, Maria Lúcia preferiu manter a base em São Paulo.

O Alexandre era um carioquinha de sete anos e sentiu mais que a Anacelia. Sofreu *bullying* na escola por causa do sotaque, que perdeu rapidinho. Tanto no Rio quanto no retorno a São Paulo, a nossa vida social era quase toda em função da igreja. As crianças iam à escola dominical e eu continuei cantando no coral e praticando esportes. Eram outros tempos e era possível separar bem a vida pessoal do trabalho. Eu sempre trabalhei muito, mas quando saía do trabalho, saía do trabalho. Férias eram férias. Não tinha e-mail nem celular. Às vezes, um fax nos alcançava em algum hotel, mas só.

A grande verdade é que Maria Lúcia aguentou um rojão danado durante muito tempo. Ela foi a âncora que me permitiu fazer e ser o que fiz e sou. Sempre preparou o palco direitinho para eu brilhar. Eu sentia que tinha em casa um porto seguro e isso me deu segurança para ousar ainda mais no trabalho. Sabia que se algo saísse errado, podia voltar para casa. Por isso, essa história também é dela.

Alexandre e Anacelia

Temos um casal de filhos. Após duas tentativas em que a Maria Lúcia teve problemas na gravidez, o Alexandre nasceu em 1974 e a Anacelia em 1977, ambos no Rio de Janeiro, durante a primeira grande experiência profissional de minha carreira, como diretor financeiro da Ficap, fabricante de cabos, controlada pela Ericsson.

Até a adolescência, o Alexandre era retraído, bem focado nos seus interesses. Nutria especial curiosidade por máquinas e era muito hábil em tarefas manuais. Ao redor dos 12 anos, começou a construir aeromodelos e a fazê-los voar. Nunca foi grande estudante, mas fazia o mínimo para estar na média da classe. Aos 17 anos manifestou vontade de passar um ano nos Estados Unidos e o enviamos para um intercâmbio em El Paso, no Texas, morando na Universidade do Texas, apesar de cursar o ensino médio. Não quis morar em casa de família, como quase todos os intercambistas fazem. Chegou a ser admitido naquela universidade para estudar ciência da computação. No entanto, quando veio passar o Natal conosco, sofreu uma experiência violenta, assustou-se e desistiu de voltar para os Estados Unidos. Em vez disso, cursou arquitetura na Universidade de São Paulo.

O Alexandre sempre teve espírito aventureiro. Começou a escalar, a mergulhar e a dedicar muito do seu tempo aos esportes radicais. No quarto ano da faculdade, veio conversar comigo, dizendo que havia decidido fazer uma academia de escalada *indoor*. Minha conversa foi dura, usei toda a minha experiência executiva para fazê-lo desistir ou, ao menos, adiar para quando terminasse a faculdade. Não sei se por herança ou vaidade minha, eu esperava que pudesse seguir os meus passos, mas a carreira executiva não tinha nada do perfil aventureiro dele. Como na época eu trabalhava na Telemar no Rio de Janeiro, não acompanhei seus próximos passos, que resultaram na sua desistência de terminar a faculdade. Na segunda conversa sobre abrir o ginásio de escalada, ele me colocou na parede:

— Você vai me ajudar ou não?

— E se eu não te ajudar, o que vai fazer? Você tem um plano de negócios desenvolvido?

Fiquei perplexo com o plano que me mostrou. Além de bem estruturado, já havia pessoas interessadas em investir com ele. Para encurtar a história, até hoje ele é o dono da Casa de Pedra Escalada Esportiva, com duas unidades em São Paulo. Casou-se pela primeira vez aos 26 anos e teve uma filha, a Manuela, que hoje tem 18 anos. Do segundo casamento, com a Marjorie, que já tinha dois filhos, me deu mais um neto, o Joaquim, hoje com sete anos. Alexandre tornou-se pai efetivo de quatro filhos; é amoroso e educador, e tenta motivar as crianças para os esportes e para a vida ao ar livre, que ele adora. O seu último hobby tem sido voar de paraglider. Procura constantemente novas aventuras para seguir em frente; fazer puramente a manutenção do que já está pronto o aborrece muito. É extremamente competente na manutenção da casa: sabe um pouco de tudo, de eletricidade a trabalhos de marcenaria, que faz com muito prazer e esmero. É muito ligado à família e nunca deu trabalho para nós, exceto pela preocupação com os esportes de aventura. Um homem apaixonado pela família.

Anacelia é uma artista nata, com sensibilidade à flor da pele, tanto para artes plásticas quanto para as letras. É incrível a sua facilidade para pintura, escultura e escrita. Seja qual for a arte que se disponha a realizar, se dedica muito. Ao contrário do irmão, que até a adolescência era muito introvertido, ela sempre foi extrovertida, comunicativa, com facilidade para fazer amizades. Desde cedo maravilhou-se com a dança, praticando balé até os 21 anos. Também quis fazer intercâmbio nos Estados Unidos, mas decidiu morar numa casa de família e teve uma mãe americana. Quando voltou, optou pela faculdade de jornalismo.

Ao terminar o curso, em sociedade com uma amiga, montou uma empresa de assessoria de imprensa, mas sabíamos que aquela não era a sua verdadeira inspiração e vocação. Não demorou muito, começou a faculdade de Belas Artes. Tempos depois, nos pediu ajuda para dedicar-se somente às artes. Embora muito jovem, estreou com uma exposição de quadros no Museu Nacional de Belas Artes no Rio de Janeiro, trazida depois para o MUBE (Museu Brasileiro da Escultura e Ecologia) em São Paulo. O título da exposição era "Quantas Somos", para a qual escreveu um texto com muita maturidade sobre a posição da mulher no mundo atual. Casou-se aos 21 anos e, daquela união, que durou oito anos, nasceu meu primeiro neto, João Paulo, que hoje tem 21. Casou-se novamente e teve mais uma filha, a Fernanda, de 11 anos. Virou uma amante da natação, sendo uma campeã para a sua faixa de idade no clube que frequenta. É uma supermãe e construiu uma família harmônica e feliz. Continua apaixonada pelas artes, os filhos e o marido.

Entregador de leite

Nas muitas palestras que fiz ao longo da carreira, nunca escondi minha origem. Na verdade, tenho orgulho de quem fui e de quem me tornei. Nesses eventos, costumava brincar que, no começo da vida profissional, fui precursor de logística e de informática. Logística porque comecei fazendo entregas de leite nas ruas próximas ao armazém. Ia de bicicleta; começava às 7h e ficava até a hora de ir para a escola, à noite. Eu gostava de fazer entregas, pois conversava com os fregueses; entrava na casa das pessoas para botar o leite na geladeira e já olhava o que estava faltando. Os pedidos eram anotados na caderneta mensal, ninguém pagava na hora. E informática se deve ao primeiro emprego com carteira assinada, quando eu tinha 14 anos. Um dia a minha mãe me levou ao centro da cidade, na sede do Banco Moreira Salles (hoje Itaú Unibanco) que ficava quase ao lado do Teatro Municipal de São Paulo, e saí de lá com o emprego de aprendiz de arquivista.

O meu trabalho era colocar os documentos dos clientes nas pastinhas. Nem se falava em computador, todo o arquivo era físico. Eu pegava o ônibus em Santo Amaro às 6h30 e batia o ponto às 8h. Não tenho nenhuma lembrança gostosa daquela época e, depois de um tempo, mudei para a Ciba-Geigy: rodava São Paulo entregando amostras de anilina (tipo de corante) para os clientes. Recebia o dinheiro para ônibus, mas andava muito a pé para sobrar uns trocados para o lanche. Carregava uma maleta que era maior que eu. Quando não estava na rua, ficava no escritório vendo o que os outros faziam. Na primeira oportunidade, quando saiu um escriturário, eu me candidatei à vaga: cada cliente tinha uma pasta e o meu trabalho era anotar o que eles compravam, o que consultavam, o preço que haviam pago. Então, quando o cliente ligava, me falavam "traz a pasta da tecelagem tal", eu a pegava e levava para os vendedores. Estava tudo anotado lá, naquele sistema precursor do CRM.

Desde aquela época, adquiri o hábito de observar e aprender com as pessoas com cargos melhores que o meu. Subi na carreira sendo multifuncional e mantendo um olho no cargo do meu supervisor. Quando eu tinha de 17 para 18 anos, assumi a posição do meu chefe — e aquele foi meu primeiro cargo de liderança. Com 19 anos, eu já estava encantado por psicologia e ganhei bolsa para aquele cursinho preparatório para a faculdade de psicologia onde conheci a Maria Lúcia. Deixei a Ciba e fui estudar para o vestibular de manhã e vender publicidade para uma revista religiosa à tarde.

Conscientemente ou não, naquela época eu queria ter uma vida diferente daquela que meu pai teve, de muito trabalho, com sol ou chuva. Eu pensava "eu tenho que fazer alguma coisa a mais que os outros, não posso ser igual". Por isso, sempre fazia mais do que era esperado para a minha função. Eu não queria repetir meu pai. Não tinha vergonha dele, mas queria ser mais. Ele fazia tudo com amor, era bom no que fazia, mas era trabalho braçal e sair com sol ou chuva era muito penoso. Eu me mobilizo pela novidade, pelo desafio. É engraçado que nunca consegui emprego por meio de headhunter. Eles me procuravam, sondavam, faziam ofertas, mas as minhas melhores oportunidades vieram por contato, indicação de pessoas que me conheciam, que sabiam do meu jeito de trabalhar.

Nunca recusei um bom desafio, mesmo quando não estava preparado. Lembro que estava na área de administração de filiais da Ericsson quando me perguntaram: "Você sabe fazer *budget*? Planejamento?". Eu não sabia, mas disse que sim — e, assim, entrei para a área de finanças, que marcou toda a minha carreira. Descobriria logo que uma coisa é a teoria sobre balanço, outra é um balanço de verdade, onde você precisa integrar dados de toda a empresa. Quando tive que fechar o primeiro planejamento de um ano, não conseguia conciliar o fluxo de caixa com o balanço e aquilo me atormentou por dias. A Maria Lúcia lembra de eu estar de madrugada, acordado, revisando de cor todos os números principais do balanço da Ericsson. Eu "jogava" os números de um lado para o outro até descobrir onde estava a diferença. O que vinha na minha cabeça era: se alguém já fez, eu vou fazer. Ali, aprendi a fazer planejamento financeiro. No segundo ano, me sentindo seguro, montei o novo planejamento anual e mandei para a matriz. Achei que estava perfeito, mas descobriram uma diferença de 22 milhões nos números. Fui checar e admiti que havia errado uma soma. Quando falei para o meu chefe, um sueco, ele me chamou de idiota. Estava com 24 anos, fiquei sem reação e falei "é, tem razão, fui idiota".

Quando não entrei em psicologia na USP, já estava com uma formação sólida em humanas, por isso a escolha por administração de empresas na PUC foi bem natural. De alguma forma, a psicologia continuou presente na minha vida, pois sempre precisei me relacionar com as pessoas. Em paralelo às aulas na PUC à noite, achei um emprego de chefe de vendas numa malharia. Eu organizava e controlava os vendedores. Depois de um tempo, comecei a ficar estressado, especialmente pela questão ética. A gente recebia, digamos, um pedido para blusa 42, mas se não havia no estoque, a empresa mandava colocar a etiqueta 42 em peças de outro tamanho. Era ordem do patrão, o que me deixava maluco. Aos 22 anos, tive uma úlcera perfurada e precisei ser operado. Era noite, havia saído da casa da Maria Lúcia, estava tão mal que cai três vezes na rua. De madrugada, sem forças para ir ao banheiro, chamei minha mãe e fui levado de ambulância para o hospital. Tenho convicção de que meu estresse foi causado pela falta de ética da empresa. Aquilo me matou um pouquinho. Quando voltei ao trabalho, depois de dois meses, tinha alguém fazendo o meu trabalho.

Aquela foi a minha primeira demissão. Levei um choque porque tinha comprado apartamento, pensava em casar com a Maria Lúcia, estava endividado e ainda fazia faculdade. Passei a vasculhar os anúncios de emprego nos jornais. Um deles era para assistente de vendas na Ericsson. Fui para a entrevista, mas para minha surpresa o entrevistador falou: "Gostei muito de você, mas você não tem o perfil que eu quero". E eu precisando de dinheiro, com dívida para pagar. "Mas eu tenho um amigo que está procurando um assistente administrativo, quer conversar com ele?". O nome do amigo era Kleber de Sá Rego, responsável pelas filiais da Ericsson no Brasil na área de telecomunicações privadas. Saí empregado como assistente de administração de filiais. Esse emprego deu início à minha carreira de executivo de grandes empresas nacionais e multinacionais. Mudou a minha vida para sempre. Era o início de uma jornada na qual aprendi muito, trabalhei muito e ensinei muito.

PARTE 2

Vendedor de sonhos

Minha jornada

Eu não nasci líder. Sei que sempre tive algumas características de liderança, como gostar de pessoas e saber me comunicar, mas me tornei um líder por meio de cursos e de levar porrada na prática. Peter Drucker escreveu que "liderança não pode ser ensinada nem aprendida. Gestores não podem criar líderes. Podem apenas criar as condições para que as qualidades de lideranças potenciais apareçam". Eu tive a sorte de contar com chefes que despertaram as minhas melhores habilidades de liderança e acredito ter feito o mesmo em muitos dos que trabalharam comigo. O meu despertar, porém, não aconteceu sem sofrimento — meu e das minhas equipes.

A primeira porrada aconteceu quando eu era diretor financeiro da Ficap, no Rio de Janeiro. Tinha 27 anos quando um sujeito chamado Luis Paulo Salomão mudou a minha vida. Salomão era um médico gastroenterologista que, na maturidade de sua vida, trabalhava na consultoria D.O. Desenvolvimento Organizacional, especializada em comportamento nas empresas, que era liderada pelo neurologista Bachir Haidar Jorge. Juntos, eles criaram o TVL - Treinamento Vivencial de Liderança. A Ericsson tinha comprado a Ficap, uma indústria de cabos instalada na zona norte do Rio de Janeiro, e enviou o Jan Eric Andersson, que era diretor financeiro na matriz, para comandar a operação. Eu tinha feito alguns movimentos de carreira na Ericsson, já era gerente financeiro, e estava avaliando proposta de uma multinacional americana — faltava uma entrevista em Nova York — quando o Andersson me ligou e pediu para eu ir conversar com ele no Rio. Voltei com a proposta para ser o diretor financeiro da Ficap e avisei a Maria Lúcia que iríamos nos mudar para a capital fluminense. O salário era o mesmo que eu tinha em São Paulo, nenhum benefício especial, mas eu me dava bem com o Andersson, que é o chefe que me descobriu e me deu as primeiras oportunidades importantes.

A Ficap era uma empresa pesada, andava devagar, ficava na Via Dutra. Atualmente, está cercada por um favelão, mas naquela época tinha uma vizinhança tranquila. O Rio da década de 1970 era um paraíso: eu saía às 17h da empresa e chegava em casa a tempo de brincar com as crianças na piscina. Nos primeiros anos, a vida no trabalho foi mais complicada do que eu esperava. Eu tinha uma autoconfiança brutal — alguns podem chamar de arrogância, petulância —, achava que podia fazer tudo. Como a Ficap era uma empresa que operava no prejuízo, com falta de eficiência, equipe desmotivada e baixa produtividade, eu agia como um tratorzinho, achava que precisava empurrar todo mundo. Tinha que gerar caixa, tinha que diminuir o número de funcionários, ganhar eficiência; tinha que investir violentamente em máquinas novas, mais velozes e mais eficazes para melhorar a qualidade dos produtos. Acho que eu partia do princípio de que era uma empresa brasileira, com cultura de baixa eficiência, diferente da multinacional que eu representava. Eu pensava: "preciso ajudar a virar esse negócio".

O que significa empurrar? Eu brigava, não gritava; nunca gritei com ninguém. Certo dia, uma empilhadeira quebrou no pátio e era necessário movimentar as pesadas bobinas de cabos para a arrumação dos estoques, mas ninguém mexia um dedo sequer para empurrá-las. Isso me deixou maluco. Fui lá e falei: "Gente, vamos empurrar, ajudem...". Queria mostrar para eles o que deveriam fazer. Eu tinha esse ímpeto de empurrar as pessoas para fazerem as coisas. O meu assistente administrativo tinha o dobro da minha idade, era o antigo diretor financeiro e conhecia mais a empresa do que eu. No entanto, não abri espaço para ouvi-lo, aprender com ele, absorver sua experiência. Quando a equipe da contabilidade ameaçou fazer greve por melhores salários, eu, que achava que podia fazer tudo, fui irresponsável e disse: "Pode ir todo mundo embora". Imagine fazer isso, quando tudo, inclusive a folha, era feita manualmente? Ainda bem que eles desistiram da greve. Na época eu era assim, peitava e achava que dava conta.

Eu não me envolvia apenas com os problemas da diretoria financeira. A fábrica era um desastre de organização, então eu ia falar com o diretor, que era um sueco, enumerar as coisas que achava erradas. Ele ficava muito bravo, resistia. Até que um dia eu entrei na sua sala para reclamar de alguma coisa e ele me chamou de garoto ambicioso. Eu respondi com um palavrão e saí batendo a porta. Fui para a minha sala, queria esganar aquele sueco. Depois do almoço, ele bateu na porta e perguntou: "Eei! Jovenzinho, ainda tá puto comigo?". Acabamos ficando grandes amigos. Ele era muito mais velho do que eu, expatriado, sem raízes no Rio de Janeiro. Eu e Maria Lúcia, ainda sem filhos, passamos a visitá-lo quase toda semana.

Eu ainda estava nessa fase explosiva quando fui convidado para um treinamento de liderança vivencial, que era uma moda naquela época, com o Salomão, que mencionei acima. Lembro que as pessoas começaram a falar que tinha um executivo duro demais, que estava tumultuando o clima na empresa. Eu só ouvindo, sem entender. Ao final, descobri que era eu aquela pessoa. Foi um choque, mas que me ajudou a mudar. Depois disso, comecei a observar mais as minhas atitudes, a acreditar que o grupo tem muito mais força do que a minha vontade de fazer as coisas. A ouvir mais que falar. Acho que a vida ficou bem mais fácil para todo mundo e menos estressante para mim — e fizemos a virada de uma empresa perdedora para uma ganhadora.

A Ficap cresceu quase oito vezes nos nove anos que fiquei lá, um desempenho espetacular. Claro que o momento do país também ajudou. Havia muito investimento público em infraestrutura e a demanda de cabos telefônicos e de energia — que era o que a Ficap fazia — cresceu bastante. Viramos a companhia, que era a segunda maior do setor, atrás da Pirelli. Melhoramos a nossa eficiência, a qualidade das pessoas, investimos em máquinas modernas. Geramos tanto caixa que em 1977 compramos a quarta empresa de cabos, a Elecab, sediada em Americana, interior de São Paulo, que estava perdendo dinheiro. Pela primeira vez, participei de uma integração de duas empresas — muitas outras vieram depois. Não foi uma negociação fácil, mas a experiência me levou a conhecer um executivo ainda mais jovem que eu: Francisco Prieto, então gerente financeiro da Elecab. Estávamos quase no fim da negociação quando ele contestou um número que eu tinha apresentado. Ele tinha razão, o contador da Ficap havia cometido um erro. Gostei da postura de Prieto e até cogitei convidá-lo para continuar como gerente financeiro da Ficap no Rio de Janeiro, mas ele tinha zero intenção de se mudar para a cidade maravilhosa. A oportunidade de trabalharmos juntos surgiu quando voltei para a Ericsson, em São Paulo, e o convidei para ser meu gerente (quando saí, ele ficou no meu lugar como diretor financeiro). Depois, o levei para a Sharp e a Telemar.

Naquela época, a Ficap era meio americana e meio sueca e eu tive uma disputa direta com nossos sócios americanos. Eles achavam que a Elecab deveria permanecer com uma estrutura independente da nossa. Eu defendia que precisava juntar tudo, incorporar para termos os ganhos de sinergia previstos na hora da compra. Eu ganhei a parada e aprendi que às vezes a gente precisa liderar também os chefes. Você faz isso se posicionando, defendendo sua opinião. Eu fui diversas vezes para Americana visitar a operação, andava pela fábrica, conversava com as pessoas. O Prieto diz que essa minha atitude nem sempre era bem-vista por lá, achavam que eu estava querendo aparecer. Até ganhei o apelido de "pavão misterioso". Na verdade, eu estava praticando o estilo de gestão que já fazia na Ficap, quando me fazia presente na operação.

Pratiquei este estilo toda a vida. Quando era responsável apenas pelas finanças, eu sentia que precisava conhecer toda a estrutura da organização. Ia ver como as áreas funcionavam, discutia pessoalmente com os gerentes de fábrica, de vendas, coletava as informações para o planejamento financeiro, discutia as previsões que eles faziam. Graças à área financeira, eu aprendi os meandros do funcionamento das empresas. Isso me encantou, me deu conhecimento para galgar novos degraus corporativos.

Aprendendo com os melhores

A minha segunda escola de liderança também aconteceu quando eu estava na Ficap. Patrocinado pela empresa, em 1980, fui fazer o *Advanced Management Program* (AMP) na Harvard Business School, em Boston, nos Estados Unidos. Foram três meses intensivos, sem voltar para casa, estudando com um grupo de 160 executivos, a maioria americanos. Eu era o único brasileiro, com um inglês bem básico no começo. Logo no primeiro dia, tinha desembarcado de manhã, recebi um pacote com seis casos que deveriam ser lidos para a discussão em sala no dia seguinte. Eu não dormi naquela noite e passei muitas outras acordado, estudando. Eu me sentia pequenininho, porque na turma só tinha presidentes, vice-presidentes, com idade média de 47 anos. Eu era diretor, com apenas 34 anos, o mais jovem. Aliás, quase que Harvard não me aceitou, pois exigia 20 anos de experiência gerencial, que eu ainda não tinha.

O formato do curso nos obrigava a trabalhar em equipe. A turma foi dividida em duas classes de 80 e, em cada uma, havia grupos formados por oito executivos. Morávamos juntos, estudávamos juntos, vivíamos juntos. No dormitório, havia uma sala de discussões, uma cozinha e alguns quartos. O meu quarto, acho que tinha dois por três metros, era individual, mas compartilhava o banheiro com o vizinho. Todo dia de manhã, a gente se reunia para discutir os casos que seriam vistos em classe. A dinâmica é muito boa, fortalece o aprendizado. No começo, eu tinha medo de abrir a boca nas aulas, medo que o professor visse minha *tag name*[3] e chamasse: "Silva, o que faria se fosse você?". Eu me sentia subdesenvolvido, um cara da América do Sul. Tinha vontade de me esconder, mas chegou um momento que não deu mais.

Corria um mês desde o início do curso, quando tivemos que estudar um caso que se passava no Peru, sobre uma multinacional que precisava decidir se faria ou não um investimento no país. Era preciso fazer uma análise social e econômica, ver os prós e os contras do negócio. É claro que, por eu ser latino, as atenções no meu grupo, e depois na sala de aula, recaíram sobre mim. Eu comecei a defender que o investimento era bom para a empresa e para o país, mas havia os que discordavam. Foram umas duas horas de discussão, uma briga danada, mas saí fortalecido, percebi que podia dialogar de igual para igual.

O fato é que o AMP fez muita diferença na minha carreira, especialmente porque fortaleceu os meus conhecimentos de comportamento organizacional. Abriu a minha cabeça para melhorar as habilidades de liderança. Trouxe comigo a certeza de que é preciso primeiro escutar a organização, especialmente o pessoal da operação. As pessoas têm sempre alguma coisa a acrescentar. Quem está no topo da organização é uma peça, um coordenador, nada mais. Vejo ainda hoje muitas empresas contratarem alguém de fora para fazer o seu planejamento estratégico, que é aprovado pelo conselho de administração e levado

---

[3] Placa com nome da pessoa.

para a diretoria engolir. As pessoas recebem esse abacaxi, têm que dar os resultados, sem nunca terem sido consultadas.

O planejamento tem que ser feito de baixo para cima. O que um líder faz são escolhas, decide depois de ouvir a organização, de coletar as melhores ideias. A partir daí, desenvolve o plano estratégico e leva para a aprovação do conselho. Um líder que vende sonhos não dá ordens, convence sobre o caminho a seguir. Fala: "Vamos fazer juntos esse negócio?". Dá mais trabalho, demora, mas a chance de dar certo é superior a 50%. A maioria das empresas, no entanto, ainda acha que as pessoas engolem metas pasteurizadas feitas lá em cima ou por uma consultoria de nome famoso. Numa multinacional, o envolvimento da equipe é mais difícil se a estratégia vem fabricada, enviada pela matriz. O meu conselho é que você tente adaptar, remodelar e ajustar com a ajuda de toda a gerência antes de implementar o plano.

Procuro sempre me perguntar: será que sou o único cara certo no mundo? As pessoas não têm que se adaptar à minha forma de pensar. Eu sou maleável porque, para liderar, é preciso lembrar que você tem dois ouvidos e uma boca só. Ouvir é uma questão de respeito ao seu grupo, mesmo que você ache que as ideias são inadequadas. A capacidade de ouvir é muito mais importante do que falar, pesa no estilo de liderança. Eu aprendi a escutar na década de 1970, naquele primeiro curso vivencial, e tentei me manter fiel a este princípio durante toda a minha carreira. Nem sempre eu concordo, mas sempre pergunto: "O que você tem a acrescentar a este assunto que estamos discutindo?". Requer paciência, respeito. No final, você aprendeu alguma coisa nova.

Esse estilo de liderança exige disciplina do líder para que as reuniões não fiquem intermináveis. Cada participante deve ter uns cinco minutos para apresentar sua ideia. Se estiver divagando demais, você diz: "Diga sua ideia e aonde quer chegar". Ponto. Algumas vezes, usei o método papal quando percebia que a reunião tendia para uma discussão interminável, sem acordo fácil. Eu entrava na sala, as áreas começavam a discutir, cada uma puxando a sardinha para o seu lado. Eu levantava e falava: "Vou sair. Na hora que chegarem a uma decisão, vocês batem na porta que eu volto". Saía e fechava a porta por fora, como no Vaticano, nas escolhas dos papas. Fiz isso no Fator várias vezes, porque forçava o pessoal a chegar a uma conclusão. Eu aparava algumas arestas finais, mas o consenso era do grupo. As reuniões caem a menos de 50% do tempo. Funcionam pra burro.

Falar a língua das pessoas

Também acredito que um líder tem que saber a hora de partir para outros desafios. Alguém já disse que a pior coisa que pode acontecer a uma empresa é o sucesso, porque ela se acomoda. Com os executivos é a mesma coisa. Depois de cinco anos, a maioria das pessoas não tem mais a motivação para fazer coisas novas, ficam acomodadas com o sucesso obtido e envolvidas com o momento emocional da organização. Você entra na zona de conforto, de voo de cruzeiro. Eu fiquei oito anos na presidência do Banco Fator e acho que foi além da conta. Eu não me acomodei, mas perdi o ímpeto, a velocidade. Aprendi isso com a experiência do Andersson, que foi meu chefe na Ficap, um sujeito que admiro demais, meu primeiro mentor. Ele ficou 19 anos na Ficap. Fez um belo trabalho no começo, mas nos últimos anos não percebeu que a empresa estava quebrando. É preciso ser um profissional excepcional para ficar dirigindo uma companhia sendo inovador e motivador por um longo período. Eu não sou esse cara excepcional. Eu preciso de um novo desafio, de um ambiente novo para me estimular a inovar, aproveitando a experiência antiga. Aí eu acredito que é possível criar valor.

Todo mundo me pergunta o que eu sei fazer de bom. Claro, sou bom de finanças, capaz de reduzir um balanço inteiro aos quatro ou cinco números que importam para tomar uma decisão. No entanto, cresci mesmo quando virei um gestor de equipe. Eu sei escolher as pessoas com quem vou trabalhar. Ao contratar alguém, sempre valorizei a transparência e a integridade. Nunca consegui trabalhar com quem tenta parecer o que não é. Numa entrevista de emprego, costumava perguntar ao candidato: "O que você *não* gosta de fazer? O que você faz mal? No que você é pior?" Todo mundo racionaliza, diz que é "perfeccionista", mas aí coloco a pessoa para pensar um pouco: "O que seu filho reclama de você? E sua mulher?". Aí, a gente começava a conversar sobre o que a pessoa não gosta ou faz mal. Se você começa pelo negativo, quebra a lógica de quem vai para uma entrevista ensaiado para vender seu peixe. Outra qualidade de liderança que desenvolvi foi aprender a trabalhar com a equipe que estava na empresa quando eu chegava. Claro, às vezes era preciso trocar uma ou outra peça, mas eu conseguia pegar um grupo desafinado e transformá-lo num grupo que jogava para ganhar junto.

A executiva Renata Moura tinha apenas 28 anos quando cheguei à Telemar. Havia sido contratada meses antes como diretora de recursos humanos, com uma responsabilidade gigantesca numa empresa que passava por uma transformação radical. Imagine que ela teve que lidar com colaboradores com muitos anos de casa, acostumados ao ritmo do serviço público, em nada satisfeitos com as mudanças que estávamos implantando. Eu a chamei para conversar, expliquei que iria montar minha equipe e que não fazia ideia se ela tinha condições de fazer parte. Ela se defendeu bem, contou a experiência que trazia na bagagem, o que incluía um MBA na Espanha. Combinamos que ela teria três meses para provar que poderia fazer o serviço. Nunca mais falamos sobre o assunto e ela fez um trabalho extraordinário naqueles anos em que estivemos juntos. Ela conta que eu dava espaço, mas ao mesmo tempo estava disponível para apoiá-la nas ações de RH. Tudo na base da confiança. Fico feliz com esse feedback dela porque era essa a minha intenção.

O maior desafio que a Renata me ajudou na Telemar foi dar alma para empresa, criar uma cultura organizacional única a partir de 16 empresas que foram unificadas por conta do processo de privatização. Fizemos juntos uma transformação cultural muito grande. Viajamos pelos 16 estados onde tínhamos operação para conversar com as equipes, apresentar nossa visão, informar o que estava sendo feito. A reestruturação da Telemar, sobre a qual vou falar em outro capítulo, foi uma experiência extraordinária, a mais emocionante da minha carreira — e ela só foi possível graças ao time que abraçou a mesma missão que eu.

Um líder precisa estar próximo das pessoas, falar a mesma linguagem que elas. Eu sempre circulei pelas empresas onde trabalhei, mas também criava oportunidades para encontros fora do trabalho. Criei o hábito de fazer churrasco para as equipes que se reportavam a mim, uma ou duas vezes por ano. Eu mesmo fazia e servia, não chamava garçom, deixava o mais informal possível. A origem disso talvez seja a minha mãe, que sempre foi agregadora, portuguesa mesmo. Quando você abre sua casa para a equipe, melhora o relacionamento com todos. Até hoje, tenho uma alegria danada de receber gente. Como a Maria Lúcia também gosta, fazemos com que as pessoas se sintam como se estivessem em suas casas. Isso me faz bem.

Sensibilidade pura

Eu também acredito que um líder precisa saber escolher as batalhas que vai travar. Durante a minha carreira, ouvi muitas vezes: "Você é corajoso, só pega rabo de foguete". Posso até ter demonstrado coragem ao assumir desafios como os da Sharp e da Telemar, mas não pense que não tivesse medo. Quando eu achava que valia a pena correr o risco, eu corria. Houve vezes em que recusei propostas bem interessantes por alguma sensibilidade — talvez intuição — de que não ia dar certo. Em 1987, por exemplo, recebi uma proposta para comandar as lojas Sears no Brasil. Ia dobrar o salário que eu tinha na Ericsson. Preciso dizer que a empresa sueca tinha uma cultura meio socialista: a diferença entre o maior e o menor salário era pequena, o que deixava os vencimentos dos diretores abaixo da média do mercado. Eu fui conversar com um americano que era presidente da Sears aqui, tivemos uma boa reunião, e eu realmente estava tendendo a sair da Ericsson. A Sears estava no Brasil desde 1949 e, em 1983, a operação brasileira de 11 lojas foi adquirida pelo Grupo Susa Vendex (a reunião do conglomerado nacional Victor Malzoni com o holandês Vendex).

Antes de bater o martelo, fui convidado para jantar na casa dele. O sujeito começou a colocar umas opiniões que não me caíram bem. Saí de lá com a certeza de que deveria recusar a proposta. E realmente me livrei de um pepino. Alguns anos depois, a rede foi desmontada no Brasil. Se eu tivesse aceitado a proposta, a história teria sido diferente? Talvez sim, mas nunca vamos saber. O que sei é que foi o instinto que me levou a recusar um empregão. Assim como foi o instinto que me fez recusar uma proposta para dirigir a área de cabos da Pirelli. Já estava tudo certo para eu assumir, só faltava conversar com meu futuro chefe. Viajei para a Itália para encontrá-lo, mas não gostei da conversa, não deu liga e voltei atrás. Temos que trabalhar com quem a gente se identifique e seja um exemplo que possa nos inspirar, senão vai ser conflito o tempo todo. Se passamos a maior parte da vida no trabalho, o ambiente precisa ser bom.

Reconheço que sempre tive atração por desafios grandes, nos quais a minha contribuição fosse perceptível. Foi assim que virei presidente da Ficap. A mesma empresa que eu havia ajudado a reestruturar nos anos 1970, que eu tinha deixado com as finanças em ordem, agora estava quebrando, pois não tinha conseguido se adaptar à crise econômica dos anos 1980. Eu era CFO da Ericsson Brasil (naquela época, controlada aqui pelo grupo Monteiro Aranha e pelo Bradesco), posto que acumulava com a presidência da Matec, uma das empresas do grupo, dedicada a equipamentos para telefonia no setor privado. Aliás, a Matec foi minha primeira experiência como CEO. Trabalhava de manhã lá e à tarde na Ericsson; eram dois empregos com apenas um salário. A empresa tinha problemas, mas acho que consegui dar uma nova velocidade ao negócio e depois de um ano eu já estava pronto para outros desafios.

A minha expectativa era a de assumir a Ericsson. A cada três anos, mudavam o presidente e eu já havia sido preterido antes. No entanto, como tinha mostrado resultados como CEO da

O Equilibrista

Matec, achava que seria o escolhido em 1989. Não fui; mandaram outro sueco. Na visão deles, fiquei sabendo depois, eu era um cara muito independente. Veja só: para mim, essa era uma das minhas melhores qualidades. Quando havia algum projeto, se as ações eram aprovadas pela diretoria e pelo conselho, eu tocava para frente, sem ficar pedindo benção para a Suécia a todo momento. Eles me conheciam, eu era cria da casa, mas essas coisas acontecem na vida. Não ter sido presidente da Ericsson do Brasil é minha maior frustração. Por isso, quando vi a oportunidade de recuperar a Ficap, fiz tudo o que estava ao meu alcance para assumi-la. Eu não fiquei esperando me oferecerem, fui atrás.

Lidando com as decepções

É preciso fazer uma distinção entre trabalhar bem com as pessoas, se preocupar com o ambiente interno, ouvir a opinião dos outros, e outra coisa bem diferente, que é brigar pelas coisas que você acredita. Eu moldei meu estilo de liderança na primeira passagem pela Ficap, mas continuei defendendo as minhas posições com a mesma energia. Quando voltei para ser CFO da Ericsson, em São Paulo, ganhei uma sala de esquina no quarto andar do prédio que a empresa ocupava na Marginal Tietê. Perto dos demais colegas da diretoria, eu era um garoto. Tive que me impor para ser respeitado por executivos que estavam nos cargos há muitos anos.

Um deles era o diretor comercial, um excelente profissional, competente, que tinha influência na gestão da empresa, o que lhe dava muito poder na negociação de preços com nossos clientes. Ele costumava negociar descontos enormes sem consultar a área financeira. Acontece que, como eram contratos de longo prazo, havia a necessidade de passar pela minha área. A área comercial, porém, se colocava como a dona de qualquer tipo de negociação. Eu insistia para que as duas áreas conversassem antes, para sermos mais eficientes na gestão do caixa, mas ele continuou tomando as decisões à minha revelia. Depois de várias tentativas, coloquei o pé na porta da sua sala, irritado, e disse: "Você vai ter de me escutar e me deixar participar das decisões de preço, pois um contrato mal negociado dá prejuízo e deteriora a rentabilidade da companhia. Eu sei que era um garoto quando você me conheceu, mas agora vai ter que conversar comigo". Todas as vezes que me posicionei firmemente, as pessoas acabaram me respeitando. No final, ficamos grandes amigos e levamos a empresa a uma excelente rentabilidade durante a década de 1980.

Já contei que minha maior frustração profissional foi ter sido preterido para o cargo de presidente da Ericsson. E essa frustração é maior porque tenho consciência do meu trabalho para o sucesso da companhia, que foi reconhecido pelo mercado e pelos meus pares. O Francisco Prieto, que era gerente financeiro, lembra que fizemos uma transformação na empresa. A Ericsson não perdia muito dinheiro, mas sua margem de lucro era pequena quando assumimos. Era uma empresa muito feudal, sem trocas internas; cada um cuidava do seu pedaço. Numa conversa recente, Prieto declarou que "Manoel Horácio teve uma liderança fundamental porque ele conseguiu com o jeito dele, conversando, batendo papo aqui e ali, abrir espaço para que as coisas começassem a ser compartilhadas. Ele era um cara que ia atrás e ia fazendo as coisas que tinham que ser feitas, com pequenas negociações". Sou muito grato ao Prieto por lembrar daquela fase e por ele ter me ajudado a tornar a Ericsson a empresa mais lucrativa do seu setor.

Em 1989, esse trabalho foi reconhecido com o Prêmio Equilibrista[4] dado pelo IBEF — Instituto Brasileiro de Executivos

---

[4] Criado em 1985, o Prêmio Equilibrista IBEF SP é uma homenagem concedida a CFOs que se destacam no ecossistema de finanças a cada ano. É considerado o "Oscar" do setor financeiro.

Financeiros aos CFOs[5] que mais se destacaram em determinado ano. Em anúncio publicado no extinto jornal *Gazeta Mercantil*, o IBEF informou que eu havia vencido a votação entre seus 1.200 associados por ter demonstrado "competência, criatividade e obstinação em uma carreira de conquistas significativas e contribuições indiscutíveis à área de finanças". Naquela época, com 44 anos, 23 no grupo Ericsson, ocupava o cargo de diretor administrativo-financeiro e de relações com o mercado para o Brasil. Estava nos conselhos da Ficap e da Matec. E, claro, o prêmio me deixou muito honrado. Mas, em vez de fortalecer o meu nome junto ao sueco que veio ocupar a presidência, piorou. Comecei a perceber que ele estava me boicotando. Alguém deve ter soprado em seus ouvidos que, se quisesse comandar a filial brasileira, teria que "cortar as asinhas do Manoel Horácio". E foi isso que ele tentou fazer.

Cito como exemplo a premiação do IBEF porque o boicote foi visível. Em geral, as empresas celebram o prêmio como se fosse delas, capitalizam em cima, investem em divulgação. Ele nada fez e também não foi ao jantar de premiação, embora eu tenha entregado um convite. Por ironia, o presidente do conselho, Sérgio Monteiro de Carvalho, foi e, numa declaração pública, disse: "Durante estes anos de convivência, eu e meus colegas aprendemos também a admirá-lo por sua integridade, pelo modo amável e cortês com que trata os funcionários da empresa e pela extrema dedicação a tudo que diz respeito à Ericsson do Brasil".

---

[5] *Chief financial officer.*

O prêmio recebeu ampla cobertura da imprensa; saí em dezenas de reportagens, todas muito positivas para mim e para a Ericsson. Uma delas, porém, não ajudou em nada a melhorar o humor do CEO para comigo: erroneamente, a *Gazeta Mercantil* escreveu no título "Presidente da Ericsson é o executivo do ano[6]". O CEO da Ericsson se ressentiu ainda mais da minha liderança na empresa. Uma besteira, afinal de contas, a Ericsson foi agraciada por meio do seu diretor financeiro. Lembro que era usual as empresas divulgarem a conquista e reservarem lugares para convidados no jantar da cerimônia de premiação. Nada disso foi feito. Banquei meus próprios convidados, o que acabou me dando enorme satisfação. Aquele foi um dos mais importantes prêmios de toda a minha carreira. Deveria ser um momento de êxtase, mas eu estava desiludido, chateado, pisando em ovos com o meu chefe. Eram tantos problemas que ele colocava no meu caminho que cheguei a perguntar: "O que você quer que eu faça?". No dia em que avisei sobre a minha premiação, diante da reação dele, tive certeza que o meu futuro na Ericsson do Brasil estava no fim. Tempos depois, avisei que ia sair.

---

[6] *Gazeta Mercantil*, outubro 1989.

Criando o próprio destino

Enxerguei uma oportunidade dentro do próprio grupo, numa empresa que eu conhecia bem — a Ficap, no Rio de Janeiro. Já comentei que o Jan Eric Andersson, que tinha me levado anos antes como diretor financeiro, não tinha conseguido fazer uma gestão eficiente da Ficap na chamada "década perdida", assim conhecida pela combinação explosiva de baixo crescimento do PIB com hiperinflação. Em 1986, os suecos tinham vendido o controle da Ficap para a Paraibuna de Metais[7] e me colocaram no conselho para representá-los. Três anos depois, a Ficap estava quebrada e não tinha dinheiro para sobreviver. Os suecos possuíam apenas 30% das ações preferenciais, mas para o mercado a Ficap ainda era vista como uma empresa sob comando da Ericsson.

Quando percebi a oportunidade, peguei dinheiro do meu bolso, comprei passagem para Estocolmo e fui conversar com o presidente da área de cabos. Avisei: "Se não agirmos, ela vai quebrar e manchar a reputação da Ericsson. Vocês precisam

---

[7] Primeira empresa estatal privatizada, em 1988, comprada pelo consórcio formado pela Paraibuna de Metais S/A, Parisa Participações S/A (Grupo Iochpe) e pela associação constituída por S/A Marvin (Grupo Arbi), Companhia Paraibuna de Metais e Banco da Bahia de Investimentos S/A.

comprar o controle de volta". Até aquele momento, o plano para recuperar a companhia (evitar a concordata ou a falência) previa investimentos de 50 milhões de dólares. Nas minhas contas, conseguiríamos fazer com menos. Ele me deu 15 dias para apresentar um novo plano de reestruturação. Quando voltei a Estocolmo — novamente, pagando as minhas despesas — pedi dez milhões de dólares e autorização para vender nossa participação na Caraíba de Metais para a Paraibuna (depois, tive a sorte de entrarem no caixa recursos extras da venda de debêntures que não estavam previstos). Nessa reunião na Suécia, expliquei que o próprio Andersson havia me pedido para avisá-los que queria se aposentar. Ele estava na presidência da Ficap há 18 anos, estava cansado, não tinha mais motivação para fazer uma reestruturação radical capaz de salvar a empresa. Na verdade, ele me escolheu pela segunda vez. Saí dali com o compromisso de substituí-lo. Eu pedi demissão da Ericsson Brasil, mas continuei na Ericsson Internacional: em janeiro de 1990, assumi a mesma empresa que na década de 1970 fui diretor financeiro. E, assim, pela segunda vez, deixei a Ericsson para recuperar a Ficap.

O problema é que eu iria assumir o cargo do meu mentor, do sujeito que me deu as maiores oportunidades nos meus primeiros anos de carreira, em quem me inspirei para criar minha própria forma de trabalho. O Andersson ficou deprimido, mas foi de uma elegância e humildade que vi poucas vezes na vida. Ele fez questão de me apresentar como presidente, chegou a reconhecer que a empresa precisava de um jovem dinâmico para a reestruturação. Aquilo me comoveu. Continuamos amigos, tanto que no primeiro mês ocupei um quarto no apartamento dele no Leblon, antes de a empresa comprar um apartamento pequeno na Barra para eu morar. Daquela vez, Maria Lúcia decidiu permanecer em São Paulo com as crianças e eu entrei na rotina da ponte aérea.

Na Ficap, fui recebido como salvador da pátria, mas eu sabia que a tarefa passava por um corte radical e imediato nos custos. A recuperação completa exigia também a implementação de sistemas gerenciais e de resultados, além de treinamento intensivo para criarmos uma cultura de resultados. Logo que assumi, percebi que os gestores estavam estacionados no tempo. A comunicação era centralizada e o diálogo aberto não acontecia nem na diretoria executiva. A área de controles financeiros era uma caixa preta e a gestão financeira era voltada para altos riscos fiscais, visando vantagens imediatas, sem os devidos provisionamentos. Como resultado, prejuízos e endividamentos. Na equipe, imperava a desmotivação.

Fiquei um mês e meio reaprendendo a companhia, pois estava muito diferente daquela que tinha deixado dez anos antes. As demissões foram feitas no mínimo de tempo possível, acho que no período de duas semanas. Como dizia Maquiavel, o bem deve-se distribuir ao longo do tempo e o mal de uma só vez. Não diria que estava fazendo mal, mas demitir colaboradores é o mais dolorido na função de um gestor. E quanto mais se demora para fazer ajustes estruturais, mais pesado fica o clima organizacional, o que compromete a produtividade. Os diretores e gerentes diziam que eu estava cortando "no osso", mas me defendia respondendo que a estrutura básica estava sendo preservada e que o importante era evitar o colapso. Num processo como esse, a mensagem tem que ser bem clara. Você não pode ter meias palavras, tem que ser transparente sobre exatamente o que tem que ser feito. Cortamos 50% dos 1.850 funcionários

— e, aqui, uma dica importante: o líder precisa dar a meta de corte. Você não pode chegar para o gerente A, B ou C e perguntar "quanto você acha que pode cortar?".

Durante duas semanas, vivemos um ambiente devastador. Depois disso, para os empregados que ficaram, avisei: "Vocês foram escolhidos para fazer a reestruturação da companhia". E fiz uma promessa: "Em cinco anos, vamos ter o mesmo número de pessoas na equipe". Eu queria que todos se sentissem responsáveis pelo resultado, que abraçassem aquela visão de uma empresa mais moderna e competitiva. O que se procura num líder? Eu acho que, em primeiro lugar, integridade e transparência. Integridade para que seja respeitado e transparência para que seja acreditado. A franqueza é fator fundamental para o equilíbrio e a confiança do grupo.

Uma inovação, em especial, mexeu com os principais executivos, que tinham idade média de 45 anos: mantive-os, mas em novas funções. O meu objetivo era aproveitar a capacitação e o conhecimento deles sobre o mercado e a empresa, mas tirá-los da zona de conforto e quebrar os grupos de poder e o espírito de corpo. Fiz a troca de funções depois de entrevistar pessoalmente cada um dos gerentes e diretores. Nessas conversas, descobri uma soma surpreendente: em todas as entrevistas, ouvi muitas reclamações sobre as diferentes áreas, sobre as ineficiências dos outros. Pessoalmente, porém, ninguém tinha culpa de a empresa estar quebrando. Resolvi fazer uma rotação em parte da diretoria e da gerência: os críticos ficaram responsáveis pelas áreas que criticavam. Minha dedução era simples: se criticam tanto é porque sabem o que fazer para aumentar a eficiência. Corri riscos, mas valeu a pena. Melhoramos a integração e o nível de empatia entre as funções; e percebi que mudamos a dinâmica e a eficiência da empresa.

Na área financeira, atuei em várias frentes, sempre discutindo o plano com os gerentes e os colaboradores. Fizemos um plano de 18 meses que visava sanear financeiramente a empresa. Além da redução de pessoal, cortamos todos os custos não essenciais ao processo produtivo e centralizamos o controle de gastos; criei um programa para reduzir a necessidade de capital de giro que incluía recebimentos em até 30 dias e redução de estoques a um terço do que era praticado. E geramos caixa com a venda de ativos; só a venda da participação da Caraíba Metais deu um fôlego de 17 milhões de dólares.

Todos os meses, eu fazia reuniões com os colaboradores para apresentar como estávamos, analisar as distorções e programar os ajustes necessários. O resultado foi o equilíbrio da operação depois de seis meses e o lucro voltou em 1991. A produtividade aumentou drasticamente. Antes, com o dobro de pessoal, produzíamos 14.621 toneladas; passamos a entregar 12.000 toneladas com a metade da equipe. Dois anos e meio depois, a dívida estava totalmente paga e o moral da empresa havia sido recomposto aos tempos em que estive lá pela primeira vez.

A gestão participativa adotada na Ficap é, na verdade, um estilo de fazer as coisas, de tomar decisões. É trabalhoso para o líder, pois exige transparência total de atitudes e informações, além de capacidade de ouvir. Não existe se não envolver todos os níveis. E não existe se não tiver o respeito como alicerce. Respeito nas relações, não importa o nível hierárquico. É importante a participação de todos no processo de planejamento estratégico. O CEO e o conselho devem focar na visão da empresa a longo prazo, mas o caminho e a tática para chegar ao objetivo deve ser função de toda a organização. Dá trabalho ouvir todos, mas vale a pena. Um plano estratégico não pode ser um calhamaço de papéis; deve ser definido em poucas folhas, com muita clareza e simplicidade; já o plano de ação ou tático pode ser mais detalhado para que as áreas cumpram os objetivos.

Aprendi por experiência que falar sobre gestão participativa é fácil. O difícil é implementar. Muita gente acha que basta aumentar o volume de informação disponível. Acham suficiente fazer boletins, murais e vídeos. Para mim, o intercâmbio de informação deve ser pessoal, com pouco material impresso. As reuniões quebram as barreiras de comunicação, desmistificam as figuras dos dirigentes, dão oportunidades às pessoas de serem ouvidas e de perguntarem quando não entendem. Também incrementam o senso de pertencer. No final das contas, queremos que as pessoas sintam que são parte do negócio. Entre outras coisas, eu realizava na Ficap reuniões de resultados ou específicas com todos os níveis gerenciais, café da manhã com operários, encontros com jovens talentos para sondagem de valores e, o mais importante, mantinha minha porta sempre aberta.

Falando assim pode parecer que acertamos em tudo. Não é bem assim. Cometi erros na gestão do plano. No começo, centralizei demais as decisões sobre a reestruturação em detrimento das diretorias. Com o tempo, reconheci isso e mudei, dando poder aos diretores. Outro erro foi a parada quase completa dos programas de treinamento. Isso estagnou o desenvolvimento das pessoas; acho que a sua continuação teria nos ajudado a reverter a sensação de falta de futuro criada após as demissões. É claro que cometi outros erros, mas tentei consertar todos o mais rapidamente possível sempre que os reconhecia. O líder precisa conquistar a confiança do grupo — e faz isso também corrigindo a rota se necessário. As pessoas têm que entender o seu sonho e achar que ele é comprável, realizável e viável. Elas precisam pensar: "Isso é desafiador, mas nós vamos conseguir".

Dois anos e meio depois, a empresa estava bonita, dando dinheiro. Quando eu achei que ia dormir um pouco, tudo mudou novamente.

Bandejão para todos

Certa noite, eu estava dormindo no meu apartamento, no Rio, quando o telefone tocou de madrugada. Era o meu chefe ligando da Suécia. Ele começa fazendo uma declaração de amor para mim, elogiando o trabalho de recuperação da Ficap e um monte de blá-blá-blá e eu escutando, até que ele diz: "Sinto muito, mas a Ericsson decidiu sair da área de cabos na América Latina". Eu fiquei indignado, pensei em tudo o que tinha feito e nos sacrifícios que a empresa havia passado durante aquele tempo para ficar saudável. Obviamente, não dormi o resto da noite. No dia seguinte, ele me ligou pedindo para eu ajudá-los a achar um comprador. Sou profissional, não ia abandonar o barco.

Foi então que me lembrei do Daniel Birmann, do Grupo Arbi, empresário e banqueiro gaúcho que eu conhecia desde os processos de privatização da Caraíba de Metais, quando uma de suas empresas, a Marvin, estava no consórcio vencedor do leilão e eu atuei como representante da Ericsson. Birmann comandava um conglomerado[8] de mais de 20 empresas e faturamento anual de cerca de 1 bilhão de dólares (valores da época). Era um

---

[8] Birmann quase quebrou em 1995 depois de enfrentar dificuldades financeiras.

dos maiores investidores do país e já tinha me sondado sobre a Ficap: "Os suecos não querem vender?". Depois daquele telefonema, sem mencionar as intenções da Ericsson para não desvalorizar a companhia, avisei que iria marcar uma reunião em Estocolmo. Embarcamos em junho. Birmann saiu de lá com o protocolo de intenções assinado e em setembro a Ficap já pertencia à Marvin.

Naquela época, Birmann era um empresário arrojado, adorava risco e estava nos holofotes da mídia e das rodas empresariais. Sabendo disso — e também que seria muito difícil crescermos organicamente —, levei para ele um plano de crescimento para a Ficap: unificar as nossas operações com as da Alcan, Alcoa e Siemens para formar uma empresa capaz de competir com a Pirelli, que era líder em cabos. A ideia era ganhar mercado rapidamente por meio de fusões e aquisições. Ele deu carta branca e, meses depois, fechamos uma parceria com a divisão de cabos da Siemens; depois vieram os ativos da divisão de cabos da Alcan. A intenção era juntar mais quatro fábricas para obter sinergia operacional e adicionar linhas de produtos em que tínhamos pequena participação no mercado. Com a Alcoa, as conversas não evoluíram. Em 1995, quando saí, 70% do plano estratégico havia sido implementado: conquistamos grande parte do mercado de cabos de energia e superamos a meta de atingir 50% do tamanho da Pirelli. Em outras palavras, cumpri a promessa que havia feito para a equipe da Ficap quando cortamos metade dos empregos no início de 1990. Tínhamos dobrado o faturamento e éramos a mais rentável do setor.

Preciso contar que, antes de tudo isso, fiz uma jogada ainda mais ousada: a Ficap incorporou a Marvin, que era a nossa controladora, a empresa-mãe. Eu virei presidente da Ficap/Marvin e, aí, o choque de culturas foi uma loucura. A Marvin era uma empresa brasileira, extremamente departamentalizada, hierarquizada. Os diretores comiam num restaurante bonito, com pratos de porcelana; os gerentes, com pratos de vidros; os operários, em bandejão. Na Ficap, era todo mundo junto. Eu entrava na fila do restaurante, comia a mesma comida. Havia uma sala especial apenas para visitas importantes. Rapidamente, botamos tudo abaixo e mandamos fazer um único restaurante agradável e bonito, com bandeja para todo mundo. No começo, o pessoal da Marvin duvidava que era eu mesmo que estava na fila.

É sabido que todo processo de fusão e aquisição faz com que muita gente boa das duas empresas perca seus empregos. Lembro de um caso que me marcou naquela época. A Ficap tinha um diretor comercial que conheci quando fui trabalhar lá no começo dos anos 1970. Era um gaúcho, gente boa e bastante competente. Quando incorporamos a operação da Siemens, o chamei para uma conversa. Ele começou falando sobre as dificuldades que teria para assumir o comercial das duas unidades e coisa e tal... Tive que interrompê-lo: "Você vai me desculpar, mas vou ficar com o cara da Siemens". Foi uma reunião pesada, dura, ele começou a rir como se eu estivesse brincando e, no final, estava chorando. Doeu para mim também, eu gostava dele, mas não dá para delegar esse tipo de conversa. As operações de fusões exigem escolhas difíceis dos líderes. Quem herdou a posição foi Adilson Primo, que trazia uma visão de mercado varejista, atuava nos chamados *"building wire"*, que são os fios usados nas construções de baixa tensão, mercado em que a Siemens era melhor do que a Ficap. Primo ocupou a minha vaga quando saí e depois assumiu a presidência Siemens no Brasil.

Momento de liderar

Eu havia combinado com o Birmann que ficaria até junho de 1995 — e sai quando a data chegou. A Ficap estava pronta para o novo presidente e, assim, concluí a minha segunda experiência como CEO. O peso de assumir uma empresa pré-falimentar e ter de fazer o *turn around* me tirou várias noites de sono, mas senti um grande orgulho dos resultados. "O território dos líderes é o futuro, e seu legado singular é o da criação de instituições que sobrevivem ao tempo", escrevem James Kouzes e Barry Posner no livro *O desafio da liderança*. Esse olhar no futuro sempre me impulsionou a querer mais. Acho que o líder precisa alimentar uma espécie de insatisfação, de ansiedade. Sou um eterno ansioso e isso me faz querer fazer coisas novas. Gosto de mudanças, elas não me assustam. Ao contrário, me estimulam.

O líder nato coloca o coração em tudo o que faz, envolve-se profundamente nos projetos que lidera, vende seus sonhos. Em 2007, eu já estava no Banco Fator quando a revista *Época Negócios* publicou um artigo de duas páginas comigo com o título: "Um líder vende sonhos". No texto, eu dizia: "acho que aprendi a ser um vendedor de sonhos. É uma característica dos empreendedores. Um líder precisa saber motivar as pessoas com esses sonhos". Eu continuo acreditando nisso. Todas as conquistas que tive se devem às pessoas com as quais trabalhei e de alguma forma fui capaz de influenciar. O título deste capítulo é Vendedor de Sonhos porque essa expressão me acompanha há muitas décadas, seja em reportagens na mídia seja em eventos em que participei. É uma característica minha enxergar castelos onde os outros veem pedras.

Um líder precisa saber motivar as pessoas com seus sonhos e sua visão. Eu ainda me vejo ajudando as pessoas a desenvolverem negócios. No meu plano de vida, não existe parar, concluir que estou realizado. Não consigo ser assim. É a tal ansiedade pelas coisas novas. Mesmo agora, continuo me envolvendo em projetos diferentes; toda semana, recebo alguém que quer um conselho sobre um plano de negócios e eu ajudo com meu tempo e conhecimento, sem cobrar.

Fazer coisas novas, ir em busca de desafios, sempre foi a minha motivação, mas exercer cargos de liderança também exigiu que eu desenvolvesse a capacidade de motivar as outras pessoas. O desafio é fazer isso sem cair no paternalismo. A minha recomendação é elogiar a boa performance e advertir os maus comportamentos. A conquista do poder genuíno não vem de graça apenas porque você ocupa um cargo de nomenclatura pomposa. Nunca me escondi atrás de uma posição esperando que as pessoas naturalmente me vissem como líder. O executivo tem que ser um especialista em pessoas. Tem que saber escolher e determinar funções adequadas ao perfil dos profissionais que compõem a sua equipe. Precisa ter a ousadia de trocar executivos em posições-chave e, quando possível, promover a rotatividade dos principais ocupantes das gerências da empresa, para evitar acomodação.

É claro que as características acima não garantem sucesso por si só. Estar sintonizado às mudanças econômicas, sociais e tecnológicas também é fundamental. Eu sei que, com a rotina de "apagar fogo" que as empresas têm, essa é uma tarefa difícil. O dia a dia das corporações nos asfixia e, por mais que planejemos a operação, ficamos sem tempo para observar o mundo à nossa volta. Um líder precisa ser capaz de estabelecer uma visão, mas não fará isso sem conhecer os contextos interno e externo o suficiente para estabelecer uma direção coerente, palpável e viável. As mudanças provocam ansiedade e insegurança nas pessoas e isso obriga você, líder, a ter muita certeza do caminho a ser percorrido para ajudá-las a superar esses sentimentos.

Sempre procurei gerenciar o meu tempo. O planejamento ajuda a separar o que é supérfluo ou delegável do que é importante e urgente. Com isso, tinha mais tempo disponível para as tarefas que realmente necessitavam de mim, como visitar os clientes e as nossas fábricas. Com os primeiros, eu aprendia sobre o mercado, os produtos demandados e a concorrência; nas fábricas, dialogava com os colaboradores, escutava suas opiniões e sugestões. Assim, conseguia definir estratégias e caminhos a serem seguidos pela companhia.

Certa vez li um artigo na revista americana *Fortune* que perguntava: "*Why CEO fails*"[9]? Entre outras coisas, o artigo apresenta os cinco sinais de fracasso, numa espécie de teste que eu compartilho aqui:

---

[9] "Por que os CEOs fracassam", *Fortune Magazine*, 1999. Artigo completo disponível em: https://archive.fortune.com/magazines/fortune/fortune_archi ve/1999/06/21/261696/index.htm. Acesso em: 17 de abril de 2023.

1. Você está focado nos fundamentos da execução? O artigo dizia que precisamos estar conectados ao fluxo de informações sobre a companhia e o mercado; isso inclui interação regular direta com clientes e empregados da linha de frente.
2. As más notícias estão chegando até você de forma regular? Toda empresa, mesmo as mais bem-sucedidas, tem más notícias, geralmente muitas delas. Se você não está ouvindo más notícias, tem um problema.
3. O seu conselho de administração está fazendo o que deve? Está avaliando você e seus executivos diretos, pedindo informações sobre o mercado e exigindo planos, mas não tentando gerenciar a operação, que é sua função?
4. O seu time está descontente? Saiba que os subordinados diretos frequentemente começam a abandonar o barco antes de o CEO cair.
5. Como está a sua performance — e a sua credibilidade? Você deve saber hoje quais mudanças precisará fazer daqui a dois anos.

Conheci o engenheiro de produção Gabriel Stoliar quando eu presidia a Ficap e ele era do BNDES. Sentávamos em lados diferentes da mesa para negociar financiamentos e programas de investimentos. Ele era um ótimo negociador; muito profissional. Anos depois, nos tornamos pares na Vale: ele era o presidente corporativo e eu presidia uma das áreas de negócios (papel, celulose e navegação com a Docenave, além de energia). Nos aproximamos muito e até hoje somos amigos. Ele costuma contar que eu não gostava de perder tempo fazendo apresentações, detalhando projetos, justificando minhas ideias.

É verdade, eu sempre prezei mais um bom argumento do que slides rebuscados. Eu gostava de estudar um assunto e extrair dele duas ou três ideias relevantes e, a partir delas, convencer os outros a virem comigo. Isso tem a ver com manter o foco — e com um pouco de pragmatismo também.

Sempre atuei em ambientes competitivos, nos quais o foco é fundamental para a sobrevivência. E, por experiência própria ou por aprendizado, consolidei algumas certezas sobre a gestão de empresas que disputam o mercado palmo a palmo. Primeiro, você precisa ter uma estratégia que todo mundo entenda, traga claramente a proposta de valor, seja fundamentada no público--alvo e realista em relação às capacidades da empresa de atin-gi-la. E essa estratégia precisa ser comunicada para clientes, colaboradores e acionistas. Depois disso, vem a execução com foco na busca da excelência. O "como" se executa é mais impor-tante do que "o que" se executa. As ferramentas tecnológicas (TQM, Kaizen, Six Sigma) ajudam, mas a gestão disciplinada das operações é o que fará a diferença. E, claro, esteja pronto para corrigir a rota. Para isso, mantenha avaliações periódicas de resultados com seu primeiro time.

A estrutura e a cultura são outros fatores de sucesso na ges-tão de empresas que atuam em ambientes competitivos. Não há melhor jeito de definir o papel da estrutura do que assim: ela deve existir para simplificar o trabalho das pessoas, não o con-trário. A burocracia em excesso engessa a organização, dificulta o processo decisório, concentra poder, desestimula os colabora-dores. Enfim, suga a energia da empresa. Sua meta como líder deve ser construir e manter uma organização ágil, flexível, hori-zontal e com definições claras de responsabilidades.

Acredito que as empresas não se tornam vencedoras pelo brilho dos executivos da primeira linha de decisão. São vencedoras por causa da dedicação e criatividade da gerência média e de colaboradores comprometidos. Para ter uma equipe assim, no entanto, você precisa promover a troca de informação entre as áreas, departamentos, desenvolvendo a visão sistêmica do negócio, trabalhando a gestão do conhecimento. A cultura de resultados vem do compromisso de todos com a rentabilidade.

Aristóteles costumava ensinar seus discípulos andando em círculos, geralmente ao ar livre. Por todas as empresas por onde passei, eu seguia esse método, conhecido como peripatético, de caminhar para conversar com as pessoas. O presidente deve interagir em todos os escalões, mostrando sua cara, desmistificando o poder. Essa é uma forma de também influenciar a cultura, que é outro fator de sucesso das empresas de alta performance. O comportamento do líder ajuda a criar um ambiente descontraído, divertido, que valorize o comportamento ético, estimule as contribuições individuais e da equipe. No final das contas, o que queremos é que todos tenham uma visão de donos do negócio e acreditem que o sucesso é a soma do trabalho de cada um. Claro, tudo isso deve vir acompanhado de treinamento, oportunidades de carreira, premiação das melhores performances, remuneração vinculada a desempenho entre outras ferramentas de recursos humanos.

Um ambiente organizacional assim estimula a inovação, que é o santo graal de todas as empresas já faz algumas décadas. No entanto, por melhor que fossem minhas intenções, não consegui criá-lo numa das empresas em que trabalhei — e essa foi outra das minhas frustrações profissionais.

"Eu me demito"

Vou começar contando minha história com a Sharp pela cena final. Ela tem uma dramaticidade que resume os quase dois anos em que trabalhei para a família Machline. Aconteceu na sala de Sérgio Machline, membro do conselho de administração, na Alameda Rio Claro, região dos Jardins, em São Paulo, onde ficava a sede da empresa. Ele parecia nervoso, mas não argumentou quando falei: "Se você não tem coragem de me demitir, eu me demito. Eu me demito". Sérgio é um dos quatro filhos do lendário empreendedor Mathias Machline, que morreu em 1994 num acidente de helicóptero nos Estados Unidos. Os jornais noticiaram a minha saída como um acordo entre as partes. Eu diria que foi por desacordo entre as partes. No entanto, essa era desde o começo a crônica de uma demissão anunciada.

A Sharp no Brasil, uma sociedade da família Machline com a japonesa Sharp Corporation, tinha sido uma potência na década 1980. Era três vezes maior que a Ficap. Criado em 1961 por Mathias, o grupo havia se tornado um dos maiores fabricantes de eletroeletrônicos do país: além da Sharp, tinha a Sid Informática. No catálogo estavam mais de 100 produtos, de televisores e computadores a centrais telefônicas. Foi uma das empresas que mais venderam televisores, videocassetes e fornos de micro-ondas no país. Mathias, filho de imigrantes russos, era um empreendedor talentoso. Começou a vida vendendo máquinas de escrever em Porto Alegre. Foi pioneiro na instalação de unidade fabril na Zona Franca de Manaus e chegou a ser sócio, além da japonesa Sharp, também das americanas IBM e AT&T.

O crescimento foi meteórico, mas tornou a empresa grande, pesada, difícil de ser conduzida. Cerca de dois anos antes da sua morte, cheguei a conversar com o Mathias para assumir a reestruturação do grupo, mas não nos acertamos. Fizemos três conversas, ele era sedutor, mas eu sabia que enquanto ele fosse vivo ninguém ocuparia de fato a cadeira de presidente (em 1993, Mathias contratou para o cargo Mauro Gonçalves Marques e, em 1994, Jorge Roberto do Carmo). De alguma forma, ele e seus executivos conseguiram iniciar a reestruturação. Os jornais da época dão conta que o número de empresas havia sido reduzido de 40 para 16, o quadro de pessoal enxugado à metade e o faturamento, aumentado de 680 milhões de dólares para um bilhão de dólares. Tudo isso foi feito em três anos e estava dando resultados: dias antes do acidente, Machline comemorou a volta do lucro depois de quatro anos.

Cheguei em meados de 1995, mas a Sharp ainda era uma empresa com cultura familiar em rota de deterioração financeira. Permanecia sem foco, atuando em eletrônica de consumo, telecomunicações e informática. Levei um plano de reestruturação, mas não sabia que estava pisando em terreno minado desde o começo. Olhando em retrospectiva, entendo que a minha contratação foi feita de forma errada porque eu não era o candidato do principal acionista. O preferido do Sérgio era o executivo Antonio Carlos Rego Gil, engenheiro formado pelo ITA, então presidente da Sid Telecomunicações, uma das empresas do grupo, e membro do conselho de administração desde abril daquele ano.

O Gil também desejava o cargo e, na nossa primeira conversa, falou: "você não vai ser meu chefe". Ele sabia que estava numa posição dúbia: ao mesmo tempo era executivo da minha equipe e, como conselheiro, estava acima de mim. Eu respondi: "você não quer que eu seja seu chefe, não vou ser, mas preciso saber o que acontece na sua área; então, você vai reportar para mim". Com o tempo, nos ajustamos. Avaliando isso depois de tantos anos, acho que o Machline quis de alguma forma atender a vontade do pai de me contratar, mas fez um *hedge*, se protegeu, mantendo o Gil como um seguro para o caso de eu dar errado. O próprio Gil resolveu o problema buscando uma oportunidade fora da Sharp. Em 24 de março de 1996, uma notinha na *Folha de S. Paulo* informou que Gil estava assumindo como CEO de uma empresa de tecnologia da informação:

> *"Antonio Carlos Rego Gil está deixando o Grupo Sharp. Ele respondeu por vários anos pela área de telecomunicações da organização (AT&T e Sid/STC), que passa a ser dirigida pelo presidente corporativo, Manoel Horácio da Silva."*

Naqueles primeiros meses na companhia, tomei pé da situação e ela não era boa. Havia muito trabalho a ser feito — e em muitas frentes. Uma série de problemas atrasava a companhia, nos fazia perder dinheiro. Eram problemas de estratégia, mas também de gestão. Eu achava que precisávamos ter foco e, por isso, meu plano era vender duas das três divisões, manter apenas a de eletrônicos, cujos produtos estavam entre os preferidos dos brasileiros, especialmente os televisores. Recebi o sinal verde do conselho e vendemos nove empresas em menos de dois anos. Entre elas estava a Sid Telecom, comprada pela Promon por 60 milhões de dólares em valores da época. Já a Sid Informática estava negociada com a Siemens por 70 milhões de dólares, mas a negociação parou após a minha saída porque os Machine acharam que a empresa valia mais. Resultado: após alguns anos, ela quebrou.

Uma das minhas primeiras tarefas foi enxugar o organograma. Quando cheguei, aquelas 16 empresas que estavam penduradas no guarda-chuva da holding tornavam nossa estrutura inviável de ser administrada, totalmente sem foco. E muitas davam prejuízo, o que aumentava o endividamento geral da companhia, que sempre foi muito grande e quando assumi estava em 239 milhões de dólares. Além disso, havia algumas aberrações, como um único executivo que respondia por todas as unidades industriais do grupo — independentemente da fabricação dos produtos de informática, de telecomunicações ou de eletrônica de consumo. De quem eu iria cobrar resultados: dele ou do responsável pelos produtos? Quem controlava os custos? Decidimos trabalhar por áreas de negócios, distribuindo as responsabilidades pelos resultados aos respectivos donos. Fiz com que cada executivo tivesse o controle total sobre o sucesso ou o fracasso.

Os executivos que ficaram ganharam mais autonomia, respondendo diretamente para mim pelo resultado final da sua unidade de negócios. Com isso, nos tornamos mais ágeis e competitivos. Em março de 1996, o jornalista Edilson Coelho, do *Estadão*, me entrevistou sobre isso. No final, ele me perguntou: "Vai funcionar?". A que eu respondi: "Não sei. Só tenho uma certeza: o plano está amarrado e comprometido com os resultados, contando com a participação de todos"[10]. Tem uma coisa importante nessa minha fala que eu já escrevi antes e quero enfatizar novamente: a participação de todos. Mais uma vez, eu estava num processo de reestruturação em que envolvia as pessoas na busca por soluções e pelos resultados. Para isso, uma das coisas que fiz foi reduzir drasticamente a contratação de consultorias. Antes de eu chegar, a Sharp era um paraíso dessas empresas que, em geral, são ótimas para elaborar planos, mas quando vão embora ninguém está comprometido com a implementação.

Nos negócios, nos concentramos na produção de bens de consumo, onde estavam 65% do nosso faturamento. Mas isso trazia um desafio extra para mim: aprender a lidar com produtos de ciclo de vida curto. Eu vinha de empresas de ciclos longos, que duravam de três a cinco anos entre o lançamento, crescimento, maturidade e declínio do produto. Agora, eu precisaria aprender a lidar com ciclos curtíssimos. No varejo de consumo, depois de dois meses do produto à venda, você já sabe se cometeu algum erro ou se tem um sucesso no portfólio. A dinâmica é muito mais rápida — e confesso que a chance de aprender sobre isso foi uma das coisas que me fizeram aceitar o cargo.

O varejo é fascinante — e também cruel. Por conta dos vários anos de crise, a Sharp havia perdido a liderança do mercado e, para complicar, uma lei havia proibido vendas de artigos duráveis por meio de consórcio. Da noite para o dia, perdemos 185 milhões de dólares de faturamento. Encontramos a solução na venda direta, pela qual o próprio cliente financiava a produ-

---

[10] Edilson Coelho, *O Estado de São Paulo*, 18/03/1996.

ção, pagando antecipadamente, e recebia o produto no final. Esse canal alternativo de vendas conquistou 60 mil contratos em poucos meses.

De uma forma geral, eu tinha os desafios de qualquer empresa: perseguir os resultados, dar maior velocidade ao processo e ter maior controle da operação. Fizemos isso e, nos sete primeiros meses de gestão, obtivemos uma economia de 46 milhões de dólares em relação ao ano anterior. Revertemos as perdas e fechamos o ano no zero a zero. Para retomar a liderança no mercado de eletroeletrônicos, eu e minha equipe tínhamos grandes planos para 1997: lançaríamos 20 produtos, como TVs de 21 e 29 polegadas, agendas eletrônicas, videocassetes e uma filmadora que, na época, era supermoderna. Só não contávamos que as desavenças com o principal acionista levariam ao desfecho que contei acima.

É muito difícil descrever o que aconteceu. Eu havia liderado a simplificação societária, vendido uma porção de pendurica-lhos que não davam lucro, feito a fusão de outros. Treinamos as pessoas. Racionalizamos a estrutura, com a centralização de funções de *back office* como recursos humanos e finanças. Em pouco tempo, já estávamos retomando o *market share*. Tudo isso com o aval do conselho, que no começo era presidido por Angelo Amaury Stabile, ex-ministro da Agricultura do governo Figueiredo. A reestruturação estava andando bem, mas acho que eu queria que ela rodasse na minha velocidade, que não era a mesma do acionista. Numa empresa familiar, o processo decisório costuma ser demorado e muitas vezes falta o compromisso com os resultados.

Na minha opinião, todos os negócios devem ser autossusten-táveis. Na Sharp havia a crença, porém, de que um negócio de sucesso podia compensar o prejuízo do outro. Eu vi isso também quando fui conselheiro da Sadia. A empresa obtinha um grande faturamento com *trading* de grãos, mas a margem era muito pequena, gerando risco de perder dinheiro. Eu defendia no conselho que esse é um negócio para grandes *players* globais, que jamais seríamos competitivos a ponto de valer a pena. No entanto, o acionista tinha amor por essa área, não queria se desfazer. Assim como o Machline, o presidente do conselho tinha apego ao negócio, em especial aos grãos, e queria continuar com a área, mesmo que o risco do negócio fosse grande. Eu tive esse tipo de discussão algumas vezes nas reuniões do conselho da Sharp, gerando muito desgaste.

E, como na maioria das empresas de dono, era tênue a separação entre a empresa e a família. O Francisco Prieto, que foi comigo como diretor financeiro, lembra de um fato curioso ocorrido na época em que estávamos cortando custos: "A gente estava listando tudo que dava para vender e fazer caixa. Um dia, surgiu uma ambulância velha, fora de uso, e eu mandei colocar no leilão. Aí, um dos gerentes veio falar comigo: 'a dona Carmen (Tereza Machline, primeira mulher do Mathias) quer doar a ambulância para uma instituição de caridade'. Respondi: 'Se ela quer doar algo, ela que doe, mas aqui nós estamos precisando de dinheiro'. Não pegou muito bem, sabe?". Estávamos tentando implantar uma governança na Sharp e o Prieto, focado nisso, não abriu mão de vender a ambulância.

Eu brigava porque olhava para o negócio sem apego pela sua história, quem tinha criado ou se dedicado a ele. O meu plano estratégico focava naquelas operações que realmente tinham chance de crescer e dar dinheiro, queria sair fora daqueles que não traziam resultado. Então, a reestruturação andava, mas era sofrida. Para complicar, no conselho havia um futurista que morava nos Estados Unidos, um cara de tecnologia que atuava como uma espécie de guru dos Machline. Era conselheiro desde os tempos do Mathias, mas não estava no dia a dia da companhia.

No começo, ele me bajulava publicamente. Certa vez, tivemos várias reuniões de negócios com executivos americanos e, num *happy hour*, ele elogiou o meu inglês. Eu sabia que falava bem a língua, mas não era maravilhoso como ele disse. Só mais tarde descobri que ele era o meu maior inimigo no conselho, rechaçava todas as minhas propostas. O curioso é que, anos depois, eu já na Telemar, ele insistiu em falar comigo pessoalmente. Minha vida estava uma loucura, mas acabei arrumando cinco minutos no Santos Dumont, antes de pegar um jatinho para Manaus. Ele sentou comigo e pediu desculpas; disse que estava errado, que realmente os herdeiros haviam quebrado a Sharp. E acrescentou: "Estou falando isso porque eu vou morrer e precisava te falar". Depois, mandou uma carta reforçando o pedido de desculpas. Eu respondi que não tinha mágoa e realmente não tenho. Nunca mais o vi.

E no meio de tudo surgiu também a exposição que eu estava tendo na mídia. A Sharp, até por atuar com produtos de consumo, já era uma empresa com bastante visibilidade e eu, como vou falar mais adiante neste livro, nunca me recusei a dar entrevistas, sempre que podia atendia aos pedidos dos jornalistas. Comecei a aparecer em manchetes como "Sharp ajusta-se para retomar o crescimento"[11], "Empresários paulistas cobram ajuste

---

[11] Hilton Hida, *Gazeta Mercantil*, 17/04/1995.

nas contas do governo"[12] e "Sharp lucra U$ 4 mi no segundo trimestre"[13]. Usavam foto minha ou bico-de-pena, aquela ilustração que a *Gazeta Mercantil* costumava colocar no lugar dos retratos. Ou seja, eu aparecia mais do que os Machline. Um dos conselheiros, que sempre me apoiou, chegou a me alertar para o fato de que a empresa era deles. Tudo era motivo de desgaste, as desavenças iam se acumulando até que o copo transbordou.

Havia esse estresse permanente na minha relação com o Sérgio, mas eu achava que as coisas iriam se resolver. Tanto que uma semana antes do comunicado que ele fez, agora já como presidente do conselho de administração, ao mercado sobre a minha saída, eu estava em reportagem do jornal *O Estado de São Paulo*[14] anunciando um projeto de investimento de 40 milhões de dólares para montar fábricas de eletrodomésticos, a chamada linha branca. O texto informava que a Sharp pretendia investir um bilhão de dólares até o ano 2000. Não era o discurso de alguém que pediria demissão dentro de alguns dias. Então, o que aconteceu?

Depois de um ano e meio de Sharp, ela já estava rodando razoavelmente bem, dando lucro e tinha caixa. Então, aconteceu um fato perturbador, mas para contar preciso voltar no tempo. Anos antes, a empresa havia feito uma emissão de debêntures conversíveis[15] e ainda tinha um saldo a resgatar. O vencimento — algo em torno de 20 milhões de dólares — aconteceria em

---

[12] Sandra Balbi, *Jornal do Brasil*, 23/06/1995.

[13] Anna Lucia de França, *Gazeta Mercantil*, 06/09/1996.

[14] Márcia de Chiara e Costábile Nicoletta, *O Estado de São Paulo*, 23/06/1997.

[15] Modalidade de debênture em que o valor integral do título ou dos juros pode ser trocado por ações da empresa emissora do título de dívida.

45 dias quando o Prieto foi chamado para uma reunião com alguns conselheiros. O Prieto lembra: "Eu não sabia a pauta da reunião, mas chegando lá descobri que o assessor financeiro do conselho faria uma apresentação sobre as debêntures, com um plano de resgate. Eu só ouvindo, até que um dos conselheiros, o Geraldo Hess, que havia sido diretor da CVM[16], olhou para mim e perguntou: 'E aí, Prieto, você não tem nada para falar?'. Seguiu-se o seguinte diálogo:

— Eu não preciso desse plano aí.

— Como não precisa? Vocês estão querendo entregar a empresa para os credores?

— Acontece que já temos o dinheiro reservado para fazer a recompra das debêntures quando elas vencerem.

— Como assim?"

Então, o Prieto pediu para a secretária pegar o relatório diário de caixa, que trazia um resumo do dinheiro disponível e o entregou para eles. Havia uma linha identificada como "poupança". O Prieto achou, com razão, que se colocasse esse dinheiro como disponível, seria usado em outra coisa. Fez um truque, com o meu conhecimento. Estava tudo planejado, certinho, mas é claro que o Sérgio, que não estava na reunião, não gostou. Chamou o Prieto para reclamar que não tinha sido avisado, que aquilo não podia acontecer. O Prieto respondeu: "O que não pode acontecer? Guardar dinheiro para salvar o seu patrimônio?".

Eu e o Prieto conversávamos muito. Às vezes no escritório ou depois do expediente, tomando cerveja ou vinho. Um sabia

---

[16] Comissão de Valores Mobiliários.

O Equilibrista

o que o outro estava fazendo. Desde os tempos da Ericsson, nunca tiramos férias ao mesmo tempo. Um de nós estava sempre na empresa. Era uma relação de absoluta confiança — um sentimento que, como o caso das debêntures mostrou, não havia entre nós e o conselho. Por algum motivo, o Sérgio evitava falar comigo. Muitas vezes esperei por duas semanas para conseguir ser recebido por ele. Enquanto isso, eu ia fazendo o que deveria ser feito. Eu me mantive com aquele espírito independente que me atrapalhou na Ericsson. As aprovações mais importantes, eram levadas para o conselho. Para o resto, não ficava pedindo autorização. Afinal, fui colocado lá para resolver o problema.

Acontece que, quando você age com independência, começa a ser visto como ameaça. Vêm os ciúmes. Na hora da contratação, dizem que vão dar carta branca, mas quando a casa já está arrumada e o trabalho difícil foi feito, a carta vai escurecendo. O acionista começa a achar que não precisa mais de você. É um processo clássico. Resumo da ópera: a situação ficou insustentável. Eu pedi demissão. O que mais me chateou é que o Sérgio fugiu ao seu papel de discutir comigo as condições da minha saída, mandou um subordinado meu. Isso mexeu comigo e eu falei uma porção de despautérios sobre o Sérgio na minha saída. Aí ficou difícil, fiquei orgulhoso demais e deixei de negociar o bônus a que tinha direito. Duas vezes na vida, por orgulho, perdi dinheiro, e me arrependo de não ter brigado. Essa foi uma delas. Mas na época achei prudente continuar no mercado sem brigas com os ex-empregadores.

Nunca mais botei o pé na empresa. O tempo e a concordata da Sharp provaram que o meu plano estratégico estava correto. A Carmen, mãe dele, veio falar comigo, fez um apelo para eu ficar, porque eu havia sido, segundo ela, o melhor presidente que a companhia já teve. Só pude responder: "Dona Carmen, seu filho quer que eu saia, não sou eu que estou querendo sair. Então minha decisão é sair porque ele não tem coragem de me mandar embora".

Os jornais da época noticiaram que minha saída já estava acertada desde o começo. O Sérgio chegou a dizer que meu contrato previa que eu ficaria como presidente até a consolidação do processo de reestruturação. "Consideramos que o processo está quase finalizado. Ainda faltam alguns ajustes que serão feitos até o final do ano", disse à *Folha de S. Paulo*[17]. Dois anos depois, o mesmo jornal noticiou: "Mergulhado na pior crise financeira de sua história, o grupo Sharp, um dos maiores fabricantes de aparelhos eletrônicos do país, foi colocado à venda"[18]. A falência foi decretada em 2003. Isso prova que a reestruturação não estava completa. Havia muita coisa a ser feita.

---

[17] *Folha de S. Paulo*, 03/04/1997.
[18] David Friedlander, *Folha de S. Paulo*, 02 /06/1999.

PARTE 3

A arte da reestruturação

Convite charmoso

Há dois fatos curiosos sobre a minha trajetória. O primeiro é que nunca consegui emprego via headhunter — sempre foi por meio da minha rede de relacionamentos, apesar de meu nome ter entrado várias vezes no "time dos sonhos"[19] deles. O segundo é que jamais fiz planejamento de carreira. Eu me dedicava totalmente a todos os empregos. Fazia o que acreditava que tinha que ser feito, atropelava e era atropelado, saía ou era saído, ganhava ou perdia, mas não gastei um minuto tentando planejar minha vida profissional. As coisas aconteceram — e na soma, as vitórias foram sempre maiores que as derrotas. Quando saí da Sharp, fiquei apenas um mês em casa antes de ir para a Vale. O Roger Agnelli[20], que depois viria a ser presidente da empresa, e o Benjamin Steinbruch, presidente da CSN, que havia liderado, em 1997, o consórcio vencedor do leilão de privatização da Vale do Rio Doce[21], vieram até minha casa. No começo, a ideia era que eu assumisse a Vale como presidente, responsável pela transformação da estatal em uma empresa pri-

---

[19] Flávia Ribeiro, *Jornal do Commercio*, 08/03/1998.

[20] Presidente da Vale de 2001 a 2011; morreu aos 56 anos, em 2016, vítima de acidente de avião.

[21] Consórcio Brasil, liderado pela CSN (Companhia Siderúrgica Nacional).

vada de capital aberto competitiva em nível global. Como você verá mais adiante, isso ficou apenas na promessa. Na época, porém, achei que aquele era um convite charmoso — e aceitei.

Com a Vale, voltei a trabalhar no Rio de Janeiro pela terceira vez. A sede da mineradora ficava no centro da cidade, na avenida Graça Aranha, Edifício Barão de Mauá, de onde só saiu em 2016, para a praia de Botafogo. No começo, assumi a coordenação do comitê responsável por desenhar a reestruturação, mas o meu cargo oficial era de diretor-superintendente de participações da CSN. Eu era, nas palavras do Steinbruch, "o executivo da CSN dentro da Vale do Rio Doce"[22]. Na época, declarei à *Gazeta Mercantil*[23] que "nesse primeiro estágio, farei análises e estudos para a reestruturação da companhia. Vim para ajudar a traçar a estratégia do grupo". A minha nomeação era uma tentativa do Steinbruch de aplacar uma das principais críticas feitas pelo mercado aos novos donos da Vale. Os analistas haviam declarado que o consórcio vencedor da privatização estava demorando para apresentar o plano de reestruturação e para escolher quem seria a pessoa responsável por implementá-lo.

Naquela época, os jornais já me identificavam como um especialista em reestruturações. Por isso, no dia seguinte à minha indicação, as ações da Vale subiram 10,7%. Numa reportagem do jornal *O Globo*, o jornalista Marcelo Aguiar escreveu:

> *"O motivo foi o anúncio de que a ex-estatal será dirigida por Manoel Horácio Francisco da Silva, ex-presidente da Ficap e da Sharp. O prestígio do executivo fez com que o papel, esquecido*

---

[22] Vera Saavedra Durão, *Gazeta Mercantil*, 03/07/1997.
[23] Raquel Balarin, *Gazeta Mercantil*, 02/07/1997.

desde o leilão de privatização, em maio, tivesse novamente um dia de blue chip."[24]

Na mesma reportagem, um texto que destacava a minha contratação recebeu o título "Um executivo *hard* para reestruturar a Vale". Os holofotes estavam sobre a minha cabeça, mas não era só notícia boa. Passei o primeiro dia de trabalho em reunião com o conselho de administração discutindo o futuro da empresa, mas alguns conselheiros reclamaram que souberam da minha indicação pelos jornais. Um deles, Jair Bilachi, que era presidente da Previ, chegou a declarar que meu nome "não foi cogitado para a presidência da Vale"[25]. Os funcionários também teriam ficado apreensivos com a minha chegada, pois eu era "conhecido como o homem que desemprega muita gente".

A pressão vinha de todos os lados e o conselho decidiu que só indicaria os nomes para a presidência e diretorias da Vale depois que fosse definido o seu novo modelo de gestão. O comitê que eu liderava se debruçou sobre o assunto — e não demorou para eu descobrir que havia duas correntes de pensamento: uma que pregava dividi-la em empresas independentes e outra, onde eu estava, que defendia a unificação. Antes que pudéssemos chegar a um consenso, o Francisco José Schettino, profissional de carreira que vinha presidindo a Vale desde 1992, pediu demissão. Ele estava se sentindo escanteado do processo de reestruturação — um jornal chegou a dizer que ele havia sido obrigado a ceder sua sala ao Steinbruch[26]. O vice foi colocado interinamente no

---

[24] Marcelo Aguiar, *O Globo*, 03/07/1997.
[25] Vera Saavedra Durão, *Gazeta Mercantil*, 03/07/1997.
[26] *O Liberal*, 15/07/1997.

posto, enquanto uma queda de braços era travada entre os principais acionistas pelo comando da Vale. De um lado estava a Previ; do outro, Steinbruch e o Bradesco (o banco estava junto com o Benjamin).

Cada acionista queria nomear alguém de sua confiança para CEO — e eu estava no centro da polêmica, que se tornou pública, retratada pelos jornais. "No foco da disputa está o cargo de presidente executivo da Vale. Ambos os sócios querem nomear alguém de sua confiança"[27] publicou O Globo com o título "Queda-de-braço na Vale", ilustrado com uma foto minha. Meu nome foi vetado pela Previ. Segundo escreveu a Míriam Leitão[28] em sua coluna Panorama Econômico, "os fundos vetaram porque não querem que se reproduza na Vale o modelo da CSN, onde a estrutura executiva é fraca o suficiente para que todo o poder fique nas mãos do presidente do conselho de administração — que, nos dois casos, é Benjamin Steinbruch". A Míriam estava parcialmente certa: é fato que o Steinbruch perdeu a briga na indicação do meu nome num modelo de comando único, mas a estrutura organizacional que venceu a disputa era justamente a desejada pelo dono da CSN.

A Vale foi dividida em quatro áreas de negócios, mais o corporativo. Em vez de um presidente, foram nomeados cinco, que se reportavam diretamente para o conselho, presidido por Steinbruch. No começo de agosto, o conselho de administração aprovou o meu nome para comandar a área de madeira, celulose e papel, e o de Gabriel Stoliar, representante do BNDESpar,

---

[27] Geraldo Magella, Aguinaldo Novo e Cleide Carvalho, O Globo, 24/07/1997.
[28] Míriam Leitão, O Globo, 25/07/1997.

como presidente corporativo, responsável pelas áreas de apoio, como finanças, recursos humanos e jurídica. Mozart Kramer Litwinski, que já era da Vale, assumiu minério de ferro, transporte e pelotização. Eu acumulei a área de alumínios por uns três meses até a chegada de Luiz Paulo Marinho. Com o poder na operação fatiado, Steinbruch repetiu aqui o modelo em vigor na CSN. O Gabriel Stoliar diz que esse modelo "complicava demais a execução porque não havia um colegiado para tomar as decisões. Éramos cinco executivos tocando áreas quase independentes e se reportando diretamente para o conselho. Era dividir para reinar".

Olho no olho

Para o ritmo ao qual eu estava acostumado, a área de papel e celulose era bem tranquila. O nosso principal negócio era a Cenibra, que tinha sede em Belo Horizonte, da qual detínhamos 51,4% (o restante pertencia a um consórcio de empresas japonesas). A Cenibra já havia passado por um programa de expansão que dobrara sua capacidade de produção. Também tínhamos a Celmar, no Maranhão, que possuía 30.000 hectares de florestas renováveis de eucalipto, e éramos sócios da Suzano na Bahia Sul, na Bahia. Na soma, produzíamos 1,3 milhão de toneladas por ano. Montei um plano para a Vale, que já era um *player* relevante no Brasil, se tornar em um *player* relevante no mercado global. Para isso, deveria aumentar a produção para quatro milhões de toneladas por ano. Isso seria possível se fosse aprovado o meu plano estratégico, que previa investimentos vultosos, afinal este é um setor de capital intensivo. Só que tirar dinheiro do bolso não estava no radar dos investidores. Coloquei para o conselho duas alternativas: ou investir ou sair do mercado de celulose. O Brasil era competitivo em preço e em tecnologia, ia dar certo — como acabou dando para a Suzano, que hoje é a maior produtora global de celulose de eucalipto e uma das dez maiores de celulose. O conselho decidiu continuar exatamente como estava. Chegamos bem perto de fundir a Bahia Sul com a Cenibra no segundo semestre de 1998, mas a operação não deu certo por causa de dificuldades criadas por uma cláusula que dava privilégio aos japoneses no contrato social da Cenibra[29].

Tenho uma história interessante com o Max Feffer, que na época era presidente da Suzano. A Vale tinha 45% da Bahia Sul e a Suzano, 55%. Apesar de termos um percentual elevado de ações, a Vale se sentia ignorada nas decisões e isso gerava muita desconfiança de lado a lado. A minha meta era tornar o processo decisório mais compartilhado. Então, comecei a negociar a compra de mais 5% para deixar os dois sócios em igualdade. As conversas, porém, não andavam; o tempo foi passando até que, numa reunião do conselho, eu pedi ao Max para irmos os dois para outra sala. "Vamos conversar sozinhos?". Ele aceitou e ficamos por 1h30 discutindo, com o restante do conselho esperando. Sobre a mesa havia uma pilha de papel em branco. Peguei uma folha e escrevi a proposta da Vale. Ele leu e disse: "Você assinaria esse negócio aí?". Peguei de suas mãos e assinei. Devolvi: "Agora, assina você". Ele parou para pensar e assinou. Estava feito o negócio. Voltamos para a reunião para comunicar o resultado ao conselho.

A paz estava selada. Acho que o segredo para a nossa conversa ter dado certo foi a confiança. Olho no olho[30]. Ficou decidido que a direção seria alternada: Feffer continuaria como presidente do conselho e eu como vice, mas as posições se inverteriam a cada dois anos. Em dezembro daquele ano, ao comen-

---

[29] Milton F. da Rocha Filho, *O Estado de São Paulo*, 04/09/1999.
[30] Anos depois, a Vale saiu do setor de papel e celulose.

tar o processo de reestruturação das nossas operações em papel e celulose, declarei ao jornal *Gazeta Mercantil*[31]:

> *"Tudo isso faz parte de um grande processo de arrumação de casa que estamos começando a fazer para melhorar nossas operações com o máximo de racionalização possível. E, se depois nos tornarmos a empresa mais desejável do mercado para um casamento, melhor para nós."*

Mesmo com esse plano em andamento, percebi que o negócio de papel e celulose não ia me ocupar em tempo integral. Comecei a olhar ao redor e logo descobri espaços vagos na estrutura. A Vale consumia 4% da energia elétrica nacional, mas nossos ativos e operações — desde pesquisas e prospecção até distribuição de energia de hidrelétricas e termelétricas — estavam dispersos, sem gestão única. No começo de novembro de 1997, meses após a minha chegada, me tornei também o diretor-presidente da recém-criada Vale Energia, que tinha a meta de produzir pelo menos a metade da energia necessária para a Vale operar. Íamos fazer isso por meio de investimentos e aquisições nos leilões de privatização.

Eu nunca tinha trabalhado com energia na minha vida. E, de repente, precisava responder a perguntas sobre extração de petróleo e gás, construção de hidrelétricas e custo de gás. Estudei o assunto, fui aos Estados Unidos aprender sobre exploração de petróleo, mas o teste de fato veio quando o vice-presidente da Conoco, petrolífera norte-americana, quis visitar a

---

[31] Márcia Raposo e Vera Saavedra Durão, *Gazeta Mercantil*, 18/12/1997.

Vale e marquei um jantar para discutir estratégias de óleo e gás. Para me preparar, contratei um especialista que passou meio dia conversando comigo. Claro que aprendi superficialmente, mas foi o suficiente para impressionar o visitante. Tem gente que aprende lendo; eu aprendo ouvindo. O Prieto comenta que eu era a pessoa que melhor conseguia resumir uma reunião. Eu tinha essa capacidade, não tenho mais. Agora, a memória é um negócio escasso na minha cabeça.

Naquele jantar, selamos uma parceria para investir em pesquisa e exploração de petróleo e gás no Espírito Santo. Uma sociedade entre Vale, Conoco e Petrobrás. Era uma forma de diversificar investimentos e ao mesmo tempo suprir a demanda de combustível da nossa planta de pelotização situada no complexo de Tubarão. "A produção de petróleo e gás é uma atividade promissora e muito rentável. É um nicho de mercado que queremos explorar para aumentar a rentabilidade da Vale", declarei à *Gazeta*[32], de Vitória. A mesma reportagem trazia um resumo dos investimentos previstos pela Vale Energia nos sete anos seguintes, que somavam 940 milhões de dólares.

Apesar disso, ainda continuei com tempo livre — e olhando um pouco além vi outro espaço desocupado: a Docenave e novas concessões. Muita gente na Vale defendia a venda desses ativos, mas na minha cabeça a área de logística era a mais importante da mineradora, pois representava um percentual importante do custo final do minério exportado. Na época, o preço do minério dentro do navio era 20 dólares por tonelada — e 11 dólares eram para pagar o custo do transporte. Eu dizia: se é mais de

---

[32] José Antônio Sarcinelli, *A Gazeta*, 08/11/1998.

50% do nosso preço, temos que saber o que estamos fazendo. Lembro de ter perguntado numa reunião: qual é o nosso negócio quando se fala em mineração de ferro? Todo mundo ficou me olhando e eu respondi: "É a logística". Conversei muito sobre isso com o Eliezer Batista, pai do Eike, que havia sido presidente da Vale por duas vezes. Perguntei: "Se o nosso negócio é logística, porque não nos juntamos com a BHP[33], que está na Austrália, tem um custo de logística muito menor e, assim, controlamos mais o preço do nosso minério?". Ele disse que eu estava certo.

Criada em 1962, a Docenave era a nossa empresa responsável pelo transporte marítimo do minério. Trouxemos um executivo para CEO e eu assumi a presidência do conselho. Era preciso renovar a frota de navios, que tinham idade média de 28 anos, estavam ultrapassados, precisavam de 30 pessoas para serem operados. A saída foi reduzir a frota: vendemos os navios velhos para comprar novos, que eram tocados por apenas oito pessoas, e a idade média caiu para 22 anos. Para reforçar a área de logística, compramos um terminal no porto de Sepetiba, em parceria com a CSN. No meio do caminho ainda lideramos o consórcio que ganhou o leilão de privatização da Fepasa, a estatal de transporte ferroviário. Numa foto publicada pela revista *IstoÉ*[34], tirada na antiga Bolsa de Valores do Rio de Janeiro, no dia do leilão, apareço sorrindo ao lado de outros executivos.

---

[33] BHP Billiton é uma mineradora e petrolífera anglo-australiana sediada em Melbourne, Austrália. Mais tarde, se tornou sócia da Vale na mineradora Samarco.

[34] Alexandre Teixeira e Daniela Kresch, *IstoÉ*, 11/1998

Eu tinha tempo sobrando, entrava em tudo que podia entrar. Mantive aquele espírito multifuncional lá do começo da carreira de ajudar o cara do lado. Acredito que, quando você faz mais do que recebe, mais tarde vai receber mais do que faz. Deu certo para mim. Ainda tenho ótimas lembranças da Vale. Já naquela época era uma empresa com um nível de competência técnica enorme, com pessoas altamente qualificadas. Nunca vi gente tão bem treinada. Como havia sido estatal, porém, ainda faltava um pouco de censo econômico: os investimentos eram pensados pela excelência técnica, não pelo resultado. Eu fui contribuindo como pude para mudar isso. Levei para os negócios que liderei a cultura de analisar cada operação pela margem de lucro desejada pelo acionista.

O diplomata ganhou

Naquela época, me aproximei bastante do Gabriel Stoliar. Era a primeira experiência dele em uma empresa privada depois do BNDES, onde nos conhecemos. Numa conversa recente, ele lembrou daqueles tempos:

"Cada um de nós ocupava uma sala no mesmo andar. Quando as coisas estavam muito tumultuadas, o Horácio se trancava na sala dele, ligava um aparelhinho de som e deixava tocando música clássica. Às vezes, eu entrava arrancando os cabelos que eu já quase não tinha, dizendo: "Horácio, olha que confusão, cara! O que eu faço? Se eu fizer isso, fulano vai me mandar embora, se eu fizer aquilo outro vai me mandar embora. Isso aqui é ingovernável". E o Horácio me dizia assim: "Cara, não é assim, calma. Uma coisa de cada vez". Ele era um oásis na minha vida, me ajudava a enxergar luz no fim do túnel. Aquele foi um período muito estressante, mas de grande aprendizado com o Manoel Horácio. Ele foi um coach para mim pois me ensinou a administrar o conflito, a ter maturidade para não me desesperar: "Calma, faz parte, raciocina, escolhe um caminho e vai". Tinha muita gente que não gostava dele, porque ele já era um sujeito sênior, independente, muito fiel aos valores dele. Eu o respeito por isso. Em função das nossas conversas, eu estabe-

leci um limite ético acima do qual eu não conciliaria para não brigar com os meus valores."

O Gabriel tem oito anos a menos do que eu e aquela experiência na Vale nos transformou em amigos até hoje. Nos encontramos sempre que ele vem a São Paulo ou vou ao Rio, onde ele mora. Ele sobreviveu a aquela fase e permaneceu na Vale por muitos anos incluindo a gestão do Roger Agnelli, que foi muito vitoriosa. Da minha parte, também enfrentava os meus problemas. Chegou um momento em que eu era CEO de papel e celulose, CEO da energia, presidente dos conselhos da Cenibra e Docenave, além de vice-presidente do conselho da Bahia Sul. Minha autonomia dentro dessas empresas era grande, mas a alçada era limitada a 5 milhões de reais. Qualquer despesa ou investimento acima disso, precisava de autorização do conselho. E era uma loucura passar naquele conselho: não conseguia as aprovações, eram muitos integrantes e alguns deles não entendiam do negócio, outros não se entendiam entre eles. Essa falta de velocidade me cansava, me desanimava. Naquele período da minha vida, eu queria fazer, realizar, entregar resultados. Estava vivendo esse incômodo quando fui sondado para a Telemar.

Eu mal tinha completado 18 meses na Vale, não tinha nada acertado com a Telemar, quando a revista *Época* publicou uma matéria com o seguinte título: "O dono do poder na Telemar — Manoel Horário, da Vale, pode ser o homem forte na Tele Norte Leste. Bradesco negocia sociedade"[35]. Abaixo, havia uma

---

[35] Guilherme Barros, *Época*, 30/11/1998.

foto minha diante de um mapa mundi. Imagina o clima que isso criou dentro da Vale! Uma semana depois, a colunista Joyce Pascowitch cravou: "Horácio Silva vai presidir a Telemar".[36] Eu continuei trabalhando normalmente, inclusive dando entrevistas sobre os negócios da Vale que estavam sob minha responsabilidade, mas nunca falei sobre essas especulações. No dia 19 de dezembro, por exemplo, os jornais noticiaram a inauguração da Usina Hidrelétrica de Igarapava, que teve a presença de Fernando Henrique Cardoso, então presidente da República. Estou nas fotos ao lado dele.

Por volta do Natal eu tomei a decisão de aceitar o convite da Telemar. Escrevi para o Steinbruch pedindo demissão. Expliquei que a Vale não precisava mais de mim e que esse movimento era o melhor para a minha carreira. Ele não respondeu. Passaram-se as festas de fim de ano e, no comecinho de janeiro, ele respondeu por carta me chamando de traidor. O Benjamin é um sedutor, mas desconfia de tudo e de todos. Quando queria conversar comigo para tomar alguma decisão, convidava para tomar café da manhã na casa dele, com o filho pequeno no colo. A gente se dava muito bem e não demorou para retomarmos a relação. Tempos depois, quando já comandava a Vale, um repórter perguntou para o Roger Agnelli com quem ele faria um investimento e ele respondeu com o meu nome.

Foi uma experiência maravilhosa ter participado de negócios que, antes, eram desconhecidos para mim. Além disso, a reestruturação feita nos negócios da Vale consolidou um aprendizado que eu iniciara nos empregos anteriores: as negociações para se

---

[36] Joyce Pascowitch, *Folha de S. Paulo*, 08/12/1998.

fazer um *turn around* provocam muito desgaste político com os acionistas. O ideal é fazer o máximo possível nos primeiros seis meses, quando o dono (ou o conselho de administração) ainda acha que precisa de você — veja exemplo da Sharp que contei antes. Na Vale, criamos um compromisso com o resultado, estabelecemos metas desafiadoras, colocamos uma visão de longo prazo. A equipe estava comprometida, eu estava comprometido, mas o conselho divergia sobre a melhor estratégia a ser seguida. As mudanças andavam devagar, quando andavam — e eu decidi que não ia esperar mais. O engraçado é que, no mesmo dia 7 de janeiro de 1999, na mesma página, a *Gazeta Mercantil* deu duas reportagens. Na manchete, anunciava a contratação do então embaixador Jório Dauster para o cargo de presidente executivo da Vale[37], com a função de liderar os presidentes das quatro áreas de negócios. Ou seja, dar mais agilidade às decisões operacionais, justamente o problema que eu vinha apontando. A segunda matéria anunciava: "Manoel Horácio vai comandar a Telemar"[38]. Acho que a conclusão é óbvia: eu estava certo no diagnóstico, mas não seria o escolhido para comandar a Vale. O Dauster era um diplomata. Eu estava longe disso.

---

[37] Rodrigo Mesquita, Vera Saavedra Durão, *Gazeta Mercantil*, 07/01/1999.
[38] Heloisa Magalhães, *Gazeta Mercantil*, 07/01/1999.

Keep it simple, stupid!

No final de 1998, eu vivia na ponte aérea entre São Paulo e Rio — e aquela era a melhor sala de negócios do país. O PIB nacional se encontrava naqueles aviões. Numa dessas viagens, sentei ao lado do empresário Atilano Oms Sobrinho, dono da Inepar, integrante do consórcio que tinha ganhado a Telemar no leilão de privatização feito pelo Governo Federal. Ele não perdeu tempo: "Estou pensando em você para a Telemar". Eu respondi que estava na Vale, para ele tirar "isso da cabeça". Realmente, as notícias davam conta que aquele emprego era uma encrenca. A Tele Norte Leste, depois renomeada para Telemar, foi arrematada com um ágio de apenas 1% sobre o valor mínimo de R$ 3,4 bilhões, o menor percentual entre todas as 12 teles leiloadas, porém superior ao valor patrimonial das empresas que compunham a Telemar. Na média, o governo obteve um ágio de 63% sobre o preço mínimo estipulada para a dúzia de empresas. Ou seja, a futura Telemar era o patinho feio das telecomunicações, a menos desejada das operadoras vendidas.

O grupo vencedor era formado por *outsiders* do setor: além da Inepar, indústria paranaense de equipamentos, tinha o La Fonte, da família Jereissati, mais conhecido pelos shopping centers, a construtora Andrade Gutierrez e a Macal Investimentos, fundo que reunia investidores como Jorge Paulo Lemann[39]. Logo depois da batida de martelo, veio a primeira notícia ruim: o consórcio não tinha caixa para pagar o Governo. E, por isso, foi preciso aceitar novos sócios: entraram o Banco do Brasil, por meio de duas seguradoras, fundos de pensão, liderados pela Previ, e a BNDES Participações. O então ministro das Comunicações, Luiz Carlos Mendonça de Barros, chegou a classificar o consórcio de "telegangue" e "rataiada". No meio de tudo isso, teve ainda uma história cabeluda de grampos telefônicos que resultou na demissão de vários integrantes do Governo, inclusive Mendonça de Barros.

Em outras palavras, era uma encrenca gigantesca e, no começo, eu queria distância daquilo. Aí, começaram as especulações na imprensa e eu continuava com aquela sensação de que as coisas na Vale não andavam. Atilano me pressionou avisando que, se eu quisesse, o cargo era meu, mas que eles também estavam conversando com o Luiz Kaufmann, ex-presidente da Aracruz, nome de grande reputação no mercado. Eu levava vantagem porque conhecia o setor de telecomunicações pelo lado da indústria de equipamentos, embora faltasse a experiência em operadora. No dia 21 de dezembro, o Beto Sicupira, que representava o Macal, me ligou com um ultimato: "Você tem 24h para tomar uma decisão". Então, fiz aquele comunicado para o Steinbruch e aceitei. O que me fez mudar de ideia? O desafio de reestruturar a maior empresa de telefonia fixa do país, que cobria 60% do território nacional, transformar 16 operadoras

---

[39] Em 1998, com a venda do Banco Garantia, Jorge Paulo Lemann e os sócios Beto Sicupira e Marcel Telles passaram a investir em participações de empresas por meio da GP Investimentos, entre elas a Telemar.

independentes numa organização coesa, eficiente e lucrativa. Tinha o risco de quebrar a cara, mas decidi corrê-lo.

No dia seguinte ao meu aceite, o conselho de administração formalizou o convite para eu assumir a Telemar como diretor-executivo da holding, mas deixou uma brecha: caso não fechassem comigo, a vaga seria ocupada pelo Kaufmann. Segundo a revista *Veja*, ele era o preferido do Beto Sicupira[40]. A privatização tinha acontecido cinco meses antes; havia muito trabalho a ser feito, mas como revelou o *Jornal do Brasil* de 26 de dezembro, "os sócios viviam em pé de guerra, disputando cada centímetro de poder, o que obviamente prejudica a gestão dos negócios da empresa"[41]. Se eu tivesse lido na época as reportagens com atenção, talvez tivesse voltado atrás. A minha vantagem era não estar ligado originalmente a nenhuma das empresas integrantes do grupo controlador.

Assinei um contrato de três anos, com um pacote de remuneração melhor que o da Vale e uma cláusula de que eu só poderia ser demitido pela unanimidade dos controladores da Telemar. O mercado viu com otimismo a minha chegada e eu estava animado quando assumi em 1º de fevereiro de 1999, sem nenhum dia de folga. Declarei ao *Estado de São Paulo* que minha missão seria "melhorar a eficiência de todas as unidades e gerir bem o grupo"[42]. E, assim, dei início ao período mais desafiador da minha carreira. Desde o princípio, eu sabia que nosso maior problema era a qualidade dos serviços prestados aos 95 milhões de brasileiros que atendíamos. Como atuavam separadamente,

---

[40] Coluna Radar, *Veja*, 20/01/1999.
[41] Cristiano Romero, *Jornal do Brasil*, 26/12/1998.
[42] *O Estado de São Paulo*, 07/01/1999.

as operadoras não tinham um padrão de qualidade: Telemig, Telebahia e Teleceará eram excelentes, mas Telerj e Telepará prestavam os piores serviços do país. A gente tinha que lidar com redes com mais de 40 anos e com tecnologias diferentes, muitas vezes incompatíveis entre um estado e outro.

O trabalho de integração já tinha sido começado pelo Otávio Marques de Azevedo, que comandou interinamente a Telemar até a minha chegada. Nome forte do setor de telecomunicações, antes ele foi vice-presidente da Telebras e um dos responsáveis pela formação do consórcio vencedor da Telemar. Ele conseguiu eliminar a maioria dos 180 cargos políticos dentro das 16 teles — quando eu retirei o restante, recebi até ameaça de morte. Outra coisa que o Otávio fez foi concentrar em cinco regiões os 54 *call centers* que existiam antes. Era uma decisão importantíssima, precisava ser feita, eu teria feito o mesmo, mas acabou me gerando muita dor de cabeça. Certo dia me ligou o Marco Maciel, então vice-presidente da República. Atendi, me achando importante. Ele me chamou para uma reunião em Brasília. Primeiro, elogiou o trabalho que estávamos fazendo, mas logo revelou o motivo da reunião: "Esse negócio de transferir o *call center* de Pernambuco para Bahia é um problema. O pernambucano ser atendido por um sotaque baiano... isso desagrada. Você tem que resolver isso".

Eu falei que ia ver o que podia ser feito, mas que seria difícil voltar atrás porque a concentração de *call centers* era uma tendência do setor. Dias depois, o governador de Pernambuco, aliado do Maciel, abriu um processo no Ministério Público cobrando 50 mil reais de multa por dia que não voltasse o *call center* para lá. Tentei agendar uma reunião com ele, mas só consegui uma brecha em Fernando de Noronha, onde ele ia inaugurar uma nova pista do aeroporto. Aluguei um jatinho executivo e fiquei três dias esperando para tentar resolver. Quando nos encontramos, dei ênfase aos investimentos que íamos fazer no estado, que ele não estava perdendo nada, pois o faturamento do *call center* continuava gerando ICMS local e reiterei que ele só tinha a ganhar no futuro. Assunto resolvido.

O desgaste foi resolvido com o vice-presidente e o governador, mas era apenas um da longa lista de problemas encontrados nas operadoras. A revista *Veja* escreveu que, na Telerj, havia "fraudes por todos os lados"[43] e revelou o que a repórter chamou de "algumas das picaretagens" descobertas por nossos auditores: havia 250 mil usuários que se utilizavam de ligações irregulares ("gatos"); funcionários roubavam linhas para revendê-las; outros vendiam uniformes da companhia a terceiros, que se passavam por técnicos para cobrar por serviços. E tinha o golpe das reclamações que nos dava um prejuízo de 70 milhões de reais por ano: todo mês, milhares de usuários pediam ressarcimento de ligações que alegavam não terem feito; sem averiguar, a Telerj emitia novas contas excluindo as tais ligações — um processo que se repetia todos os meses.

Pouco tempo depois dessa confusão, criamos a Contax, uma investida da Telemar, que assumiu toda a nossa operação de call center. A empresa tinha vida própria e logo conquistou outros clientes. Rebatizada de LIQ, hoje é uma das empresas da holding Atma, com ações negociadas na B3, totalmente desvinculada da OI, nova marca da Telemar desde 2007. Para CEO, os acionistas trouxeram o James Meaney, um americano que falava

---

[43] Consuelo Dieguez, *Veja*, 17/11/1999.

um carioquês com sotaque. Fizeram isso sem me consultar, o que causou um certo estranhamento entre nós dois no começo. Meaney já tinha feito a mudança de Miami, chegou pronto para trabalhar. Ao se apresentar, tivemos uma conversa dura, mas acertamos os limites de cada um, o que acabou sendo uma excelente parceria, pois o James provou ser um grande profissional.

Estabelecendo uma visão

Tudo isso tirava tempo e energia do que precisava ser feito para garantir o futuro da companhia. Quando conseguimos elaborar o planejamento estratégico, o documento tinha cinco passos:

- procurar a excelência regional por meio da melhoria da qualidade. Esse foi um trabalho iniciado no primeiro dia e que, dois anos depois, ainda não estava concluído.
- atuar no mercado corporativo com oferta de serviços de longa distância e dados. Para competir com a Embratel, que estava sozinha nesse segmento até a privatização, criamos o projeto Data Um, com a meta de ser, até 2004, a primeira em dados do país.
- antecipar as metas da Anatel em um ano, de dezembro de 2002 para dezembro de 2001. Isso exigiria um esforço brutal para conseguirmos os recursos humanos e de logística necessários.
- trazer mobilidade para a companhia, pois era um mercado que já crescia três vezes mais que a rede fixa, onde atuávamos.
- ser uma empresa global, atuar fora das fronteiras brasileiras.

O plano era simples, todos na companhia eram capazes de entender. E é assim que os programas de reestruturação devem ser. Certa vez, a jornalista Cristiane Mano, de *Exame*, me incluiu numa reportagem intitulada *A arte de virar o jogo*[44] com uma série de executivos que, segundo ela, tinham a "receita" para fazer *turn arounds*. A minha foi "Simplifique e dê o exemplo". Afirmei — e continuo acreditando — que menos é mais num processo de virada. Disse a ela que "a primeira coisa a fazer é cortar o excesso no organograma. Cada um deles é um círculo de poder. Quanto mais numerosos, mais conflito haverá. E citei que, para resolver qualquer conflito, usava o método *Kiss*, sigla em inglês para: *keep it simple, stupid*! No texto, eu ainda recomendava que a mensagem da mudança precisava ser enxuta: "Um plano complexo não funciona. Todos têm de entendê-lo. Se possível, não escreva, fale. Melhor ainda, dê o exemplo".

Era o que eu vinha procurando fazer na Telemar: simplificar e dar o exemplo. A cada três meses as pessoas do corporativo tinham que fazer um programa de campo: acompanhar a equipe técnica em algum atendimento ao cliente. Na minha primeira incursão, em Copacabana, vestia calça jeans e me apresentei como ajudante do técnico; levava uma prancheta onde anotava tudo. Noutra vez, contra todas as recomendações de segurança, subi numa comunidade no Rio de Janeiro. Eu também ia ao *call center* para ouvir as reclamações. Às vezes, pegava o telefone e me apresentava como presidente da empresa. Pedia que me contassem o problema. Fazia essas coisas periodicamente para sentir o pulso das mudanças.

---

[44] Cristiane Mano, *Exame*, 13/06/2001.

Horácio e seus cometas

Recebi carta branca para montar um time de executivos de primeira linha. O monopólio tinha criado ótimos técnicos e engenheiros nas empresas de telecomunicações, mas eles estavam a anos luz em relação ao mercado e sua majestade, o cliente. Por isso, comecei a recrutar profissionais que tinham experiência em mercados competitivos de varejo, como TAM, Souza Cruz, Globo Cabo, e do mercado financeiro. Os principais executivos que formaram o time da transformação foram:

- José Fernandes Pauletti, da área de telecom da Promon, para ser o COO (*chief operations officer*). As cinco regiões operacionais se reportavam a ele.
- Juarez Queiroz veio da Souza Cruz para assumir a vice-presidência de marketing das áreas de negócios corporativos e varejo. Com ele, vieram Júlio Piña e George Morais.
- Geraldo Araújo, da Telebrás, já havia sido recrutado pelo Otávio Azevedo quando cheguei. Na vice-presidência de tecnologia e rede, o Geraldo provou ter muita competência em relação a todo o programa do desenvolvimento para a expansão que precisávamos realizar. Ele mostrou seu valor principalmente no incêndio ocorrido com uma central telefônica na Barra da Tijuca, que emudeceu 19 mil tele-

fones, além de prejudicar a interligação de várias centrais telefônicas. Acho que 30% do tráfego do Rio de Janeiro passava nessa central. Ele mobilizou cinco mil funcionários para as manobras de contingência e em cinco dias o problema estava resolvido, incluindo a instalação de uma nova central.

- Renato Braga, que eu conhecia, pois ele tinha trabalhado na Ericsson do Brasil após a minha saída, assumiu a diretoria financeira. Essa área não me preocupava muito, pois tinha sido o meu forte durante a carreira. No entanto, tenho que fazer aqui o *mea culpa*: acabei me dedicando demais às finanças, o que atrapalhou a minha vida na Telemar.

Outros profissionais que me ajudaram muito foram o diretor de novos negócios João de Deus (sobre o mercado e o produto telefone) e o diretor de regulamentação Ércio Zilli (sobre regulamentação na privatização do sistema). Com eles, tive longas conversas sobre como fazer uma operadora de telefonia. A gestão da Telerj era um dos grandes problemas da Telemar. Para resolver esse problema, eu trouxe o Marcio Rosa, que veio da Globo Cabos, e o Francisco Prieto, que já havia trabalhado comigo na Ericsson. Algum tempo depois, o Prieto deixou de ser CFO para assumir a presidência da Telerj. Para completar o time, mantive a Renata Moura na área de recursos humanos. Ela tinha apenas 28 anos e havia sido admitida pelo Otávio Azevedo logo depois de voltar de um MBA na Espanha. Extremamente competente, com experiência anterior na Ambev, ela não se abalou. Devo a ela muito do meu sucesso de liderança na Telemar.

Com algumas falhas de avaliação, eu segui me cercando de gente competente e de confiança, formando um time vencedor. Aquele grupo foi capaz de aguentar a drástica e dolorosa redução de pessoal sem desanimar. Nos primeiros meses após a privatização, antes de eu chegar, já havia acontecido um Programa de Demissão Incentivada (PDI). Seguimos cortando e, no primeiro ano, o número de funcionários caiu de 32 mil para 25 mil — depois, cairia para 18 mil. Uma boa parte dos cortes ocorreu com a centralização no Rio de Janeiro de atividades de *back office*, como recursos humanos e finanças. Ao fazer isso, geramos uma economia de 150 milhões de reais, em valores da época. Sobre a sede da Telemar, a Renata Moura lembra de um fato curioso. Inicialmente, a holding foi instalada no prédio da Telerj, no bairro do Botafogo. Era bem improvisado, com as janelas cobertas de jornais, pois não havia persianas. Era uma confusão danada, com umas duzentas pessoas trabalhando num espaço muito pequeno. Como parte do processo de criação de identidade da nova empresa, decidimos encontrar um novo espaço.

A equipe de *facility* encontrou dois andares na Torre Rio Sul, também no Botafogo: o 21 e o 22. Acontece que, na época, havia uma concorrência gigantesca das operadoras para consolidar o seu número de longa distância na mente do cliente. O 21 era da Embratel. Nós éramos o 31[45]. "A gente decidiu fechar o vigésimo primeiro: entrava pelo vigésimo segundo e descia pela escada interna. Fizemos isso para não ter o botão do elevador no 21. "Imagina um visitante apertando o número da Embratel? Não dava para aceitar", conta Renata.

---

[45] A Anatel sorteou os números para chamadas interurbanas, que entraram em vigor em 1 de julho de 1999.

Figurando em capas de revistas

Com a diretoria da Ericsson na capa da *RNT* em janeiro de 1990: Sérgio Alberto Monteiro de Carvalho (sentado) e, da esquerda para a direita, Paulo Gomes Castelo Branco, Bjorn Jonson, Bo Falk, Sergio Lopes e eu.

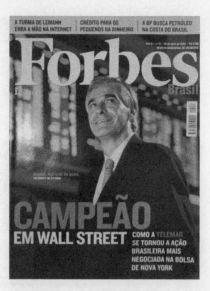

Na capa da *Forbes*, em 2001: Telemar é apresentada como empresa mais negociada na Bolsa de Nova York.

Na capa da *Veja*, em 2003, ao lado de personalidades políticas, empresários e executivos.

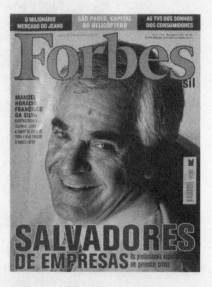

De novo na *Forbes*, em 2004: especialista em reestruturação de empresas.

Alguns momentos especiais

Com a família na cerimônia do Prêmio O Equilibrista (1989).

Na lista dos "Executivos de Valor", em 2001: lançado naquele ano, prêmio ainda celebra os principais nomes do mercado.

Em 1999, na Câmara Municipal do Rio de Janeiro: medalha de mérito Pedro Ernesto.

Reconhecimento pela campanha antidrogas da Telemar, com o então presidente Fernando Henrique Cardoso, seu vice, Marco Maciel, e o ministro do Supremo, Marco Aurélio Mello.

Premiado nos 80 anos da Ericsson no Brasil, em 2004: homenagem aos principais executivos da história da empresa.

Treinamento de liderança com a OSESP: maestro.

Personagens que cruzaram a minha história

Mario Lang, eu e Jan Erik Andersson: em visita à Ficap em 2001.

Com Luiz Paulo Salomão (à minha direita) numa das confraternizações de ex-funcionários da Ericsson.

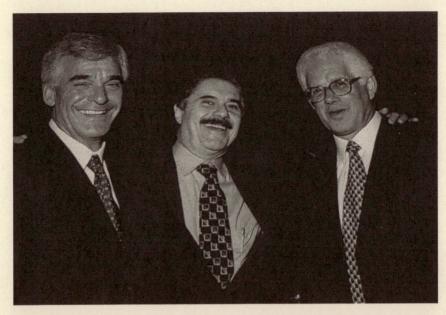

Em 1999, em evento sobre o futuro do mercado de telecomunicações, com Otto de Barros Vidal (à direita).

Com o ex-ministro da Fazenda Pedro Malan.

Com Luiz Garcia, do Grupo Algar, um dos ícones da telecomunicação brasileira.

Com Pelé na coluna social do *Estadão* em 2007.

Dentre as viagens pelo Brasil

Em 2000, no lançamento da internet em São Gabriel da Cachoeira, no Amazonas: visita ao 5.º Batalhão de Infantaria da Selva, com Sergio Andrade (de bengala).

Árvore que plantei no Projeto Jari, em Monte Dourado, no Pará, em 1997.

Celebrando os 25 anos da Cenibra com os sócios japoneses e Benjamin Steinbruch.

Algumas das muitas aparições na imprensa

Em 1999, na *Gazeta Mercantil*: reconhecimento do mercado.

Estadão (2000) antecipa papel da internet para as telecomunicações.

Jornal do Commercio (2001):
a demissão mais comentada do mercado.

Exame (2001) expõe os bastidores da minha demissão na Telemar.

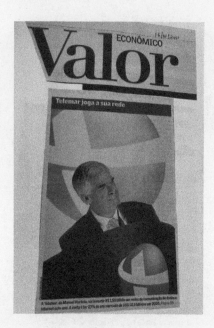

Valor (2001) destaca o plano de investimentos para crescer.

IBEF divulga anúncio do Prêmio O Equilibrista de 1989.

Jornal do Brasil destaca a fusão da Varig com a TAM em 2003.

opinião

Manoel Horácio Francisco da Silva

Que tal apostar no Brasil?

É preciso lembrar: toda mudança começa por nós

É SURPREENDENTE O COMPORTAMENTO DA SOCIEDADE brasileira. A velocidade da mudança de humor da economia viaja como bits. Ao iniciarmos o ano de 2001, era tamanha a euforia com as perspectivas do país que o Banco Central se preocupava que o excesso pudesse comprometer as metas da inflação com rápida expansão da demanda. Esperava-se crescimento de 5%, queda no desemprego e alta possibilidade de o governo fazer o seu sucessor.

Duas semanas depois, o horizonte límpido mudou para o de uma tempestade apocalíptica. As informações sobre a recessão americana trouxeram preocupações para a economia mundial. A Argentina começou a perder o controle da paridade com o dólar e, como somos solidários, todo o pessimismo de lá foi absorvido aqui. Para complicar, mergulhamos no apagão, conseqüência da irresponsabilidade do planejamento do governo na área de energia.

Da noite para o dia, o ano majestoso tornou-se apocalíptico. Iniciou-se um ciclo sombrio. Se a situação da Argentina era caótica, nós, também emergentes, teríamos problemas para fechar as contas externas. Como conseqüência, o preço do dólar subiu. A baixa estima dos brasileiros é tão forte que muita gente bem informada acreditou que o dólar chegaria a 4 reais. Na realidade, parou em 2,85 reais, fruto da especulação financeira dos que apostam contra o Brasil. De nada adiantava argumentar que a estrutura da nossa dívida externa é diferente da argentina. Que a competitividade industrial brasileira é superior ou que os acordos com o FMI e as nossas reservas davam tranqüilidade para 2002.

Os agentes econômicos marchavam no estouro da boiada. Sempre que apareciam sinais de fragilidade da economia americana e argentina, o impacto negativo no humor brasileiro era ainda mais forte do que os sinais do exterior. Andamos de cabeça baixa de abril a outubro até descobrir que as coisas por aqui não estavam tão mal. A realidade argentina não tem muito a ver com a nossa; e os Estados Unidos, apesar do 11 de setembro, não vão acabar.

Como às vezes Deus é brasileiro, São Pedro acordou e está nos regando com chuvas. Conseqüentemente, o apagão começa a ficar mais iluminado e a nossa economia a ter mais combustível. As bolsas subiram, junto com a percepção de que o preço das ações está baixo, e parece que realmente descolamos da Argentina.

O que esperar desse 2002, que começa agora, depois do Carnaval? É claro que o grande fantasma é a sucessão presidencial, o risco Lula. A economia americana, embora esteja demorando a reagir (a freada foi forte e a aceleração da máquina precisa de tempo), certamente voltará a crescer com o amparo da baixa taxa de juro. É difícil prever o que acontecerá na Argentina. Quebrado o paradigma da paridade, o país poderá agonizar todo o primeiro semestre, até tomar decisões econômicas realistas. Seu maior problema é político.

> **O resultado da eleição não deverá mudar as políticas econômicas**

Para o Brasil sobram decisões e atitudes internas para sair do marasmo e da mudança cíclica de humor. As eleições presidenciais podem trazer tumulto. Mas, ganhe a oposição ou o governo, não acredito que as políticas econômicas mudem muito. O novo presidente precisará trabalhar com coalizões no congresso, pois nenhum partido terá maioria para aprovar decisões radicais. As variáveis econômicas estão sob controle, e acredito que continuarão. O que falta, então? Falta união na sociedade para pressionar pelas mudanças necessárias e para cobrar dos governos as promessas de campanha. Falta exercitarmos de fato nosso direito de cidadania. Falta nos conscientizar de que toda mudança começa primeiramente por nós. Que tal apostarmos todos no Brasil? ■

Manoel Horácio Francisco da Silva é ex-presidente da Vale do Rio Doce e da Telemar

Artigo para a revista *Exame* em março de 2002.

Lembranças de família

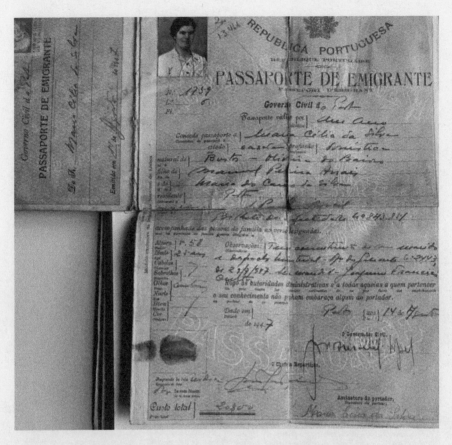

Imagem do passaporte de entrada no Brasil: Porto de Santos, 1947.

Eu (o menorzinho) com meu irmão e meu pai no Porto de Santos: chegada ao Brasil.

Meus pais, Joaquim e Maria Célia.

No casamento com Maria Lúcia em 12 de setembro de 1969.

... e na nossa festa de 30 anos.

Com Maria Lúcia, Anacelia, Alexandre, sete netos e Nicole.

Com Maria Lúcia, Anacelia e Alexandre.

Criando a alma da empresa

A Renata foi fundamental em todo o processo de transformação cultural, que era muito ousado e foi batizado de 16=1. Quando eu cheguei, é bom lembrar, não existia a Telemar, ainda era Tele Norte Leste. Estávamos investindo 100 milhões de reais para implantar o SAP, sistema que permitiu a integração da gestão das 16 operadoras, mas as empresas continuaram legalmente separadas, pois, naquele primeiro momento, decidimos adiar os planos de agrupá-las em um único CNPJ, pois o custo da fusão foi calculado em R$1,4 bilhão. O principal gasto seria com os 3,5 milhões de acionistas minoritários, donos de 64 tipos diferentes de ações preferenciais das 16 companhias[46]. Era muito caro e concluímos que não compensava. Isso não nos impediu de seguir com o programa de integração da cultura e da gestão.

O nome Telemar venceu uma pesquisa interna com os funcionários e passou a ser usado oficialmente em abril de 1999. A mensagem reforçava nosso compromisso com a eficiência do serviço, a alta tecnologia e a competitividade. A campanha

---

[46] Posteriormente, em 2001, optou-se por trocar as ações de 16 operadoras antigas por uma só, da Telerj, que passou a existir apenas para negociações de mercado.

publicitária, segundo notícias da época, foi orçada em R$10 milhões e durou 30 dias em rádio, televisão, jornal e revista. Para os funcionários, fizemos uma comunicação especial. Assinei o texto de um folheto que dizia, entre outras coisas: "Somos uma empresa voltada para o mercado, com sotaques regionais, mas com uma só mensagem — a Telemar é a voz do nosso Brasil". Além disso, enviamos dois cartões com a frase "Agora sou Telemar": um para o funcionário e outro para ser oferecido por ele a alguém especial.

A definição de um nome único foi importante para criar a nova identidade, fortalecer as lideranças locais e facilitar a adoção de um modelo de gestão unificado. Qual era o risco que corríamos com o novo nome? Corríamos o risco de não mudar de verdade — de continuar a velha empresa com um novo nome. Precisávamos provar para os funcionários e para o mercado que a Telemar era uma nova empresa. Nós sabíamos que abandonar a cultura de estatal era nosso maior desafio. Viajei para todas as operações várias vezes, sozinho ou com outros executivos. Em cada local, eu conversava com grupos de empregados. Queria que eles incorporassem a estratégia, que se sentissem donos da transformação, mas também colhia informações da base sobre as nossas deficiências e nosso ritmo de mudança.

Havia muito trabalho a ser feito em todas as frentes, mas acredito que minha estratégia central era motivar os empregados. Por isso, dediquei atenção especial às ações da Renata em recursos humanos. Apoiei a criação de um programa de trainee para atrair jovens talentos que recebeu 15 mil candidatos para 50 vagas. Hoje, vários deles estão aí como CEOs. E, para incentivar quem tinha ficado após as demissões, implantamos um plano para identificar e reter talentos. Também adotamos a remuneração por resultados para diretores e gerentes. Já a universidade corporativa da Telemar, que era uma novidade na época, surgiu para treinar, estimular a performance e motivar. Fizemos muita comunicação para integrar as empresas, divulgando os bons exemplos, fazendo intercâmbio de pessoas e de soluções. Conseguimos criar uma identidade nova capaz de se sobrepor às que existiam antes. Foi um trabalho de transformação cultural incrível num prazo muito curto, buscando uma mentalidade voltada para o mercado.

Para conseguir fazer tudo isso, precisávamos driblar interesses políticos — tivemos que demitir diretores que eram indicação política e até fazendeiros que ocupavam cargos sem qualquer conhecimento do ramo. E, também, interesses sindicais. Enfrentamos ameaças de greve em todos os estados. Certa vez, a Renata conseguiu trazer para a mesa de negociação o presidente de um dos sindicatos. Com muita habilidade, ela fechou um acordo, mas combinou que a divulgação formal aconteceria em conjunto, depois. O sujeito foi embora e no mesmo dia a notícia estava no boletim do sindicato. A Renata não teve dúvidas: foi à sede da entidade e deu com o dedo na cara do sujeito: "Eu vim aqui olhar na sua cara, porque você combinou uma coisa comigo e fez outra. Quero que você entenda que comigo o combinado se cumpre". Era esse o tipo de comprometimento que a gente tinha naquela época.

Eu trabalhava muito, sem parar. Como a família estava em São Paulo, eu podia levantar cedo, andar na praia às 6h, chegar às 7h30min na Telemar e ficar até as onze da noite. Havia uns nove meses que eu estava no cargo quando recebi a repórter da *Exame* Maira da Costa, que escreveu a reportagem *Missão possível?*[47] Ela abre o texto contando que já passava das duas tarde e eu estava almoçando bolachas de água e sal com café preto durante reunião com a equipe. Segundo ela, minha tarefa era a "mais inglória do cenário corporativo brasileiro: dar forma, eficiência e produtividade à Telemar". Não posso garantir que era a "mais inglória", mas certamente era gigantesca.

Sempre que tinha uma agenda com novas equipes e, principalmente, com trainees, eu chegava informalmente, de camisa esporte e calça jeans, me misturava às pessoas. Assim, quando chegava a hora de subir ao palco, eu já as conhecia, tinha bom material para a minha palestra, esclarecendo dúvidas e incertezas do grupo. Criei um *speech* básico logo no começo que foi sendo multiplicado pelo país. Basicamente, eu falava que podíamos ser a melhor empresa de telecomunicações do país para nossos clientes e para todos nós. E ressaltava que a mudança devia começar em cada um, que todos deviam ter compromisso com o resultado. A atitude devia ser: "Eu sou um agente da mudança. Eu sou o sucesso da Telemar". Cheguei a fazer quatro palestras motivacionais num único dia em diferentes estados. Depois dos muitos cortes feitos, as pessoas estavam com medo. Por isso, eu falava sempre a verdade, com transparência para todos os níveis hierárquicos.

E também tínhamos os cafés da manhã regulares com o pessoal da operação, que se tornaram encontros esperados e disputados no final. Todo mundo queria participar. Eu adorava porque descobria muitas coisas que os níveis intermediários de poder tentavam esconder. Os executivos gostam de contar o

---

[47] Maira da Costa, *Exame*, 17/11/199.

sucesso, não os desastres. Já o pessoal da base conta os desastres. Quando era presidente da Ficap, eu me recordo de um cara que perguntou: "O que vamos fazer com aquelas 20 bobinas de cabo óptico que estão paradas por problema de qualidade?". Falei: "Que 20 bobinas?". E foi assim que descobri que estávamos com problemas de qualidade nas bobinas. O sujeito disse: "Tô preocupado com meu emprego. Se a gente começar a produzir muitas bobinas sem qualidade, eu perco meu emprego". Eu falei: "Está pensando bem, por isso tem que produzir com qualidade, cobrar e fiscalizar". Era um prejuízo brutal dentro da fábrica e o diretor não havia me informado. Os círculos de poder só deixam subir a notícia boa. Esse é o grande problema de uma empresa com vários níveis hierárquicos, pois são vários níveis de poder. Quando você diminui a hierarquia, os problemas ficam mais transparentes, as decisões se tornam mais ágeis.

É claro que dedicamos uma atenção especial aos gerentes, que são os homens e as mulheres que precisavam acreditar que o patinho feio podia se transformar na melhor empresa do país. Quando lançamos a estratégia 16=1, levamos cerca de dois mil gerentes de todas as empresas para uma convenção na Academia Militar das Agulhas Negras, em Resende, no Rio de Janeiro. O objetivo era alinhar a estratégia, capacitar as equipes e mostrar para todos o tamanho da empresa. Vice-presidentes e diretores ficaram responsáveis por treinamentos e dinâmicas. Para mim, foi uma experiência emocionante. Começamos com o comandante me passando simbolicamente o bastão da AMAN. Depois, no auditório montado especialmente para abrigar tanta gente, comecei a falar sobre a nova empresa que estava começando e o papel de cada um de nós nesse processo. Era um palco gigantesco e, ao final, ao som do Hino Nacional, caíram as bandeiras da Telemar e do Brasil. O pessoal aplaudiu e eu chorei. A Renata, que organizou tudo de forma impecável, diz que todos saíram marcados por aquele momento. Eu certamente saí.

Em maio, quatro meses depois da minha chegada, a diretoria de recursos humanos lançou o *Jornal Telemar*, uma publicação em formato de revista para levar informação a todos os funcionários. Naquele primeiro número, dei uma entrevista sobre nossa estratégia que vale a pena reproduzir:

- *"Uma só empresa: temos que ter apenas uma liderança, diretrizes básicas e políticas iguais, com enfoques regionais para atacar as diferenças de mercado. A empresa tem que ser uma só, mais ágil, fácil de ser controlada e voltada para o mercado. Para isso, criamos uma marca única, uma estrutura formada por cinco regionais: Rio de Janeiro, Minas Gerais, Bahia, Pernambuco e Ceará.*
- *Cliente rei: dentro de uma cultura de monopólio ainda chamamos o cliente de usuário. Na verdade, ele não é usuário, mas paciente. Um consumidor que pacientemente espera ser sorteado com um telefone, paga um preço alto e reclama por melhores serviços. Se não olharmos o cliente como sua majestade, perderemos a guerra, porque estamos saindo de um ambiente de monopólio para um ambiente corporativo.*
- *Rede própria: nesse ambiente competitivo temos a possibilidade de trabalhar com produtos aos quais antes não tínhamos acesso, como o longa distância. Dentro de cinco meses teremos nossa rede óptica própria de longa distância, nosso backbone, nos 16 estados.*

- *Capital humano: a transformação da empresa ocorrerá se mudarmos nossa atitude de empregado para colaborador, todos responsáveis pela satisfação do cliente, qualidade e rentabilidade do negócio. O ambiente competitivo exigirá mais criatividade, maior empenho individual e consequente aumento de produtividade. Teremos programas de treinamento para melhorar a eficácia e criar um clima de satisfação dentro da empresa, que é uma das metas estratégicas da minha gestão. Acredito que o maior capital de uma empresa é o humano.*
- *Orçamento e metas: temos como objetivo o cumprimento das metas da Anatel e até 30 de junho os acionistas aprovarão o orçamento que define a estratégia para cada filial, que passará a ter seu desempenho cobrado.*
- *Concorrência: após o ano de 2001, o mercado ficará livre para os concorrentes. Na área de longa distância somos nós, a Embratel, a Bonari e a Canbra[48]. Precisamos criar novos produtos e estamos pensando em entrar na área da Internet, que é o futuro."*

Era preciso falar sobre a estratégia em todas as oportunidades, seja dentro ou fora da companhia. E no meio de tudo isso — troca de marca, mudança de cultura, reorganização regional e tantas outras coisas —, ainda tinha que apagar os incêndios. Um deles aconteceu na mesma época em que estávamos trocando a marca. Por falhas no atendimento aos consumidores, a Telemar Rio (ex-Telerj) foi multada em R$5,5 milhões pela Anatel.

---

[48] Bonari e Canbra eram espelhos da Tele Norte Leste e da Embratel, respectivamente.

A agência também abriu um processo administrativo por considerar que não havíamos conseguido provar que a demissão de três mil funcionários não havia influenciado na queda da qualidade dos serviços. Não adiantava dizer que a privatização nem tinha completado um ano e que já estávamos investindo um caminhão de dinheiro — R$2,4 bilhões para atender as metas fixadas pela agência e melhorar a rede das 16 operadoras. O problema é que a Telerj tinha ficado 25 anos sem investimentos, completamente abandonada. O jornal *O Globo* publicou reportagem sobre a multa, que era uma notícia péssima, com uma foto minha sorrindo num orelhão com a nova marca da Telemar[49]. Texto e imagem não podiam ser mais discrepantes.

Nada disso nos tirava a motivação. Como lembra a Renata Moura, nos sentíamos como desbravadores de um novo mundo das telecomunicações no Brasil. E era desbravar mesmo. O contrato de privatização previa metas de universalização pelas quais devíamos levar telefonia fixa para todas as localidades com mais de 500 moradores. Estávamos em 60% do território nacional, em estados como Amazonas, Rondônia e Pará. Tudo longe, difícil de acessar. Chegamos a alugar hidroavião para descer nos igarapés e levar a equipe que iria fincar um poste, botar o painel solar e instalar um orelhão que conectava o caiçara ao mundo pela primeira vez na vida. Realmente, fomos desbravadores deste país. E eram momentos emocionantes. No Rio de Janeiro, chegamos a ter 12 mil homens na rua fazendo instalações em postes, cavando buracos, instalando telefones em residências e comércios. Um relatório da Anatel

---

[49] Ramona Ordoñez e Roberto Cordeiro, *O Globo*, 09/04/1999.

mostrou que, além de ser a empresa que mais instalou linhas telefônicas em 2001, a Telemar também foi a concessionária que mais universalizou o serviço. Teve um mês que batemos o recorde mensal de linhas instaladas: 471.786.

A universalização era um trabalho gigantesco — e como eu escrevi há pouco, queríamos antecipar as metas. Entreguei a missão ao Edson Paulucci, ex-Telemig, que havia chegado à empresa antes de mim. Ele comandava a nossa "sala de guerra", onde acompanhávamos os avanços nas obras, estado por estado, em tempo real. Anunciamos em fevereiro de 2001 a conclusão das metas no Rio de Janeiro, o último estado que faltava. Conseguimos antecipar em um ano. Pelas regras, com isso, ganhamos o direito de oferecer serviços fora da região concedida no leilão de privatização. Também entramos em telefonia celular: a Telemar ganhou a licitação para operar, a partir de 2002, a banda D nos mesmos 16 estados onde já estava na fixa.

Eu estava no ponto máximo da minha carreira. Nunca tinha vivido nada igual. Liderava a maior empresa privada de capital nacional do país. E trabalhava com uma equipe motivada, competente e que, até hoje, se gosta. Éramos uma referência no mundo das privatizações e da gestão. O patinho feio tinha se transformado num belo cisne. Em março de 2001, a revista *Carta Capital* publicou: "Do tamanho do Brasil — A Telemar, única operadora 100% nacional, torna-se a nova vedete dos investidores". O texto ressaltava que a empresa havia dobrado o faturamento em dois anos sob a minha gestão, e dizia mais:

"Para quem era considerada a menos experiente das teles, a Telemar impressiona pela capacidade de se posicionar no com-

plexo tabuleiro de xadrez que se tornou o período que precede a irrestrita competição."[50]

Na mesma época, fui capa da revista *Forbes*, que trazia a manchete com uma foto minha: "Campeão em Wall Street — Como a Telemar se tornou a ação brasileira mais negociada na Bolsa de Nova Iorque"[51]. Tínhamos virado o jogo. O mercado estava reconhecendo o nosso trabalho. Finalmente, as notícias positivas passaram a ser em maior número que as negativas.

Em março de 2001, o jornal *Valor* lançou a primeira edição do prêmio "Executivos de Valor", que vem sendo publicado anualmente desde então. Trata-se de uma seleção de 20 nomes feita pelas principais empresas de recrutamento e consultorias do país. Eu estava na lista, ao lado de Abílio Diniz, Fábio Barbosa e Maria Silvia Bastos Marques. Tínhamos, segundo o jornal, "(...) capacidade de liderança, ousadia, visão estratégica, modo de gestão, coragem e, principalmente, os resultados obtidos"[52]. O texto dedicado a mim contava que comecei a vida, ainda menino, vendendo flores de porta em porta e destacava "o hábito de conversar com os gerentes e diretores, visitando o local de trabalho de cada um"[53]. Era mais um reconhecimento importante da minha carreira, depois de O Equilibrista, que ganhei na época da Ericsson.

Estava sendo uma experiência maravilhosa. Estava.

---

[50] *Carta Capital*, 26/03/2001.
[51] Tatiana Péres, *Forbes*, 25/04/201.
[52] Stela Campos, *Valor Econômico*, 27/03/2001.
[53] Heloisa Magalhães, *Valor Econômico*, 27/03/2001.

Desempregado, de novo

Eu nunca falei publicamente sobre a minha saída da Telemar. Nenhuma reportagem, das muitas publicadas, trouxe a minha versão. Oficialmente, como havia acontecido na Sharp, foi um acordo entre as partes. A Telemar soltou nota em que tentava explicar: "A nova fase de competição no mercado brasileiro de telefonia, a partir de 2002, com a expansão da empresa para além de sua atual área de concessão, foi fator determinante para estabelecer outro perfil de atuação da companhia"[54]. Esse blá--blá-blá corporativo já é bem conhecido e, em geral, pode ser traduzido como demissão. Eu fui demitido. Estava desempregado após dois anos e meio como CEO da Telemar.

Na agenda daquela quarta-feira, 18 de julho de 2001, a manhã tinha sido reservada para atender a um pedido dos acionistas. Eles haviam me convocado para fazer uma apresentação sobre a companhia na sede da CVM (Comissão de Valores Mobiliários), no Centro do Rio. De acordo com os controladores, o objetivo seria detalhar a reestruturação feita até aquele momento. O PPT estava sendo preparado pelos sócios controladores, lá no conselho, e ainda não tinha passado por

---

[54] José Fernandes Pauletti, que era vice-presidente, foi o indicado.

mim. Estávamos no meio da unificação das 16 empresas sob o guarda-chuva Telemar, assunto que passava diretamente pela análise do órgão regulador do mercado de valores mobiliários. Descobri depois, porém, que essa não era a única intenção dos sócios quando agendaram a reunião: eles queriam renovar o *management fee*.

Quando preparou a privatização das empresas de telecomunicações, o Governo permitiu que os novos donos — na maioria, grandes empresas estrangeiras do setor — cobrassem uma taxa pelo conhecimento e capacidade técnica que adicionariam ao negócio. Os acionistas minoritários sempre reclamaram disso, especialmente os da Telemar, cujo consórcio controlador não tinha a tal especialização para agregar à empresa. Estamos falando de valores consideráveis. Segundo a revista *Capital Aberto*, a holding da Telemar cobrava 0,5% da receita líquida da operadora em 2002[55] a título de *management fee* — essa era uma regra para todas as operadoras. A intenção dos acionistas com a apresentação era demonstrar para a CVM a importância e o trabalho que a holding tinha feito para o sucesso da reestruturação. Era isso o que estava em jogo naquela reunião: 0,5% da receita líquida.

O que eles precisavam provar para a CVM? Que faziam a diferença para o negócio e, portanto, mereciam manter o *management fee*. Era exatamente isso o que descobri quando tive acesso à apresentação, meia hora antes da reunião: slide após slide mostrava como os sócios da Telemar tinham feito toda a reestruturação praticamente sozinhos. Eu, a diretoria e

---

[55] Camila Guimarães Hessel, *Capital Aberto*, 01/05/2006. Disponível em: https://capitalaberto.com.br/edicoes/bimestral/edicao-33/nas-entrelinhas/.

toda a equipe tínhamos sido apenas coadjuvantes. Quando vi o material, me senti numa encruzilhada: engolir o sapo ou pedir demissão. Decidi não criar problema, cumpri com o meu papel e mostrei que a taxa era um custo ínfimo perto do que os controladores haviam agregado à companhia. Além da equipe da CVM, pela Telemar estavam presentes Roberto Terziani, que era o diretor de relações com investidores, e pelo menos dois dos quatro sócios, mas não tenho certeza quais.

Eu saí de lá com um nó na garganta. Não posso dizer que eles não ajudaram a fazer o *turn around* da Telemar, mas a execução tinha sido obra da diretoria executiva, não dos acionistas. Eles reclamaram um crédito que era da minha equipe. Ao sairmos da CVM, por volta do meio-dia, fui informado que o conselho de administração se reuniria às 14h, que eu ficasse de prontidão pois seria chamado. Como ficávamos no mesmo prédio do Rio Sul, voltei para a Telemar. Passei a tarde esperando ser chamado. Às 17h não me chamaram. Às 18h não me chamaram. Estava na minha sala quando Sérgio Andrade ligou convidando para ir até sua casa. Passava das 19h.

Era um apartamento de cobertura, em Ipanema, de frente para o mar. Já havia tomado grandes vinhos ali. O Sérgio era um importador de vinhos maravilhosos, tinha uma adega refrigerada incrível. Sempre nos demos bem e ele nunca me negou apoio na Telemar. Falamos sobre a apresentação da manhã, ele disse que tinha sido boa. Então, entrou no tema do encontro: "Olha, tenho uma má notícia. O conselho resolveu te demitir porque vamos entrar em outro estágio da companhia e precisaremos de um perfil diferente de gestor. Acho que você realmente é um líder, a companhia precisaria muito de você, porém não vou brigar com meus sócios". O Sérgio era contra, mas votou junto com Jereissati, Sicupira e Daniel Dantas (o dono do banco Opportunity havia comprado a parte da Inepar), que haviam pedido a minha cabeça. O BNDESPar, com 25% de participação nas ações, teria sido apenas informado da decisão[56], não participou da reunião. O meu contrato terminaria em fevereiro de 2002, quando eu seria trocado por um novo CEO, mas foi encerrado seis meses antes.

Escutei, refleti e pedi para deixar a empresa imediatamente. Eu sabia que a notícia estaria no jornal do dia seguinte — errei, pois demorou dois — e que eu seria fritado devagarinho se ficasse mais algumas semanas, como eles queriam. Agradeci a oportunidade de ter trabalhado na Telemar, de ter ajudado a mudar a história das telecomunicações brasileiras. Foi realmente uma experiência maravilhosa. Definimos as regras da minha saída, agradeci e voltei para o Rio Sul. Chamei a equipe para um chope na praça de alimentação e contei a notícia. Mais tarde, enquanto subia no elevador do prédio onde eu morava, vi minha cara no espelho... eu me achei mais jovem, saiu um peso danado das minhas costas. Liguei para a Maria Lúcia: "Tenho duas notícias: uma boa e uma ruim. A ruim é que fui demitido da Telemar". Ela respondeu: "Essa é maravilhosa, então a boa deve ser muito boa".

É claro que fiquei muito chateado. Alguém disse a um jornal que eu "levava a alma para o escritório" e levava mesmo. Os analistas do mercado financeiro estranharam a notícia, mas interpretaram corretamente a minha saída como uma questão política, de desavenças entre o CEO e o conselho, e as ações da

---

[56] "BNDESPar foi alijada da decisão de desligar Manoel Horário da Telemar", *O Globo*, 21/07/2001.

Telemar tiveram uma leve queda de 2% no pregão seguinte[57]. O balanço estava no azul, o *turn around* estava acontecendo, a equipe estava motivada. A revista *Exame* escreveu que "a gestão de Silva a transformou na mais eficiente do setor"[58]. Naquele momento, não havia motivos para o mercado se preocupar com o futuro da empresa. Algumas das manchetes do dia seguinte mostram o impacto da decisão: "Manoel Horácio é afastado da presidência da Telemar — Executivo nega ida para a Vale: "Estou desempregado"[59], "Acionistas decidem tirar Manoel Horácio da presidência da Telemar — Decisão não foi unânime, mas executivo deixa empresa até o fim do mês"[60], "Manuel (erraram a grafia do meu nome) Horácio Francisco da Silva deixa comando da Telemar"[61], "Presidente da Telemar é afastado do cargo — Executivo reergueu a empresa"[62].

Houve muita especulação pública sobre os motivos da minha demissão. A *Gazeta Mercantil*, citando uma fonte anônima, foi a que chegou mais perto do motivo real: "Eles (os acionistas) traçaram uma estratégia de crescimento para seus negócios pessoais que era incompatível com as necessidades da Telemar" (...) "A demissão de Horácio foi decidida em reunião na quarta-feira, que se encerrou no fim da tarde. O único voto a favor da manutenção do executivo foi do empreiteiro Sérgio Andrade, da Andrade Gutierrez, que é o presidente do conselho de adminis-

---

[57] *Valor Econômico*, 23/07/2001.

[58] *Exame*, on-line. Disponível em: https://exame.com/negocios/seis-ceos-que-presidiram-a-oi-e-desistiram/.

[59] *Jornal do Commercio*, 20/07/2001.

[60] *O Globo*, 20/07/2001.

[61] *O Estado de São Paulo*, 20/07/2001.

[62] *Folha de S. Paulo*, 20/07/2001.

tração. O GP e o empresário Carlos Jereissati foram a favor da demissão de Horácio. Segundo fonte ligada ao conselho, o terceiro voto pela saída de Horário teria sido proferido por representante do Opportunity"[63].

É óbvio que o *management fee* não era a única incompatibilidade entre os interesses dos acionistas com os da Telemar.

Várias perguntas ficaram no ar, segundo o colunista Rubens Glasberg da revista *Carta Capital*: "Por que a BNDESPar, a principal acionista individual, ficou sabendo no dia seguinte pelos jornais? Por que a saída foi abrupta? Por que não se providenciou uma transição tranquila da principal empresa da Bovespa? Por que se levanta suspeita sobre a atuação de um dos mais renomados executivos do país?". O fato é que, quanto mais os dias passavam após a minha saída, mais suspeitas começaram a ser levantadas sobre as intenções dos acionistas. O Henrique Hajime, analista das empresas de telecomunicações da Sudameris Corretora, chegou a declarar à *Gazeta Mercantil* que "os argumentos apresentados pela operadora para sua demissão (*a minha*) não convenceram os investidores"[64]. Ele destacou que o problema não estava na gestão. "Houve mudança de executivo, mas não do plano de negócios da companhia, que deve continuar no mesmo caminho trilhado por Horário".

A reunião na CVM foi a gota d'água num copo que já estava quase cheio de desavenças. Já fazia um tempo que nossos interesses divergiam. Eu estava mais preocupado com a qualidade dos serviços, com os investimentos na rede, em tornar a empresa competitiva, enquanto eles queriam que eu me preo-

---

[63] Ana Paula Nogueira e Jacqueline Breitinger, *Gazeta Mercantil*, 22/07/2001.
[64] Daniele Madureira, *Gazeta Mercantil*, 07/08/2001.

cupasse com a geração de caixa e os resultados semestrais. Em outras palavras, em dar lucro e pagar dividendos aos acionistas — em detrimento dos investimentos para criar uma empresa de classe mundial. Os acionistas queriam um gerentão, seguidor de ordens, que desacelerasse os investimentos para gerar mais caixa e pagar mais dividendos. Eu não era esse cara. Infelizmente, foi o que acabou acontecendo depois da minha saída. Um programa audacioso de pagamento de dividendos foi colocado em prática, sendo uma das causas do gigantesco endividamento que a levou à lona anos depois. É claro que o problema da Telemar não foi só em função desses investimentos, mas por uma série de decisões ao longo dos anos que contribuíram para o desgaste do caixa e da operação.

Estava encerrada minha terceira e última temporada de trabalho no Rio de Janeiro. Mais uma vez, encarava o desemprego. Havia muita especulação — mesmo antes de eu deixar a Telemar — de que eu assumiria a Vale no lugar de Jório Dauster, que acabara de deixar o posto. Tudo caminhava para isso e, se tivesse acontecido, teria sido a minha primeira experiência de ser recrutado por um headhunter, que me disse que eu era o candidato da vez. Toda essa negociação estava sendo feita no final de minha gestão na Telemar. Conversei com o Roger Agnelli, que me indicou que batesse um papo com a diretoria da Previ — e lá fui eu, presencialmente ao escritório do fundo de previdência. Ter ido conversar com os diretores da Previ se provou uma decisão política errada, pois os sócios da Telemar souberam e me bloquearam.

Na semana seguinte, o Roger me ligou para dizer que havia tido um ruído na linha de comunicação e eu estava fora da disputa. Lembro-me que falei ao Roger que era a vez dele ser o presidente. Isso se tornou realidade. Dias depois, fui demitido da Telemar. Eu neguei publicamente diversas vezes a negociação com a Vale. O Roger Agnelli, indicado pela Bradespar, ficou com o cargo e colocou a empresa em novo patamar no mercado global da mineração. Fez um trabalho extraordinário. Nos conhecemos nos meus tempos de Ericsson, quando ele ainda era um jovem executivo do Bradesco. Jogamos basquete juntos: Ericsson contra Bradesco. Quando estive na Vale, ele estava no conselho de administração. Eu e Maria Lúcia jantávamos com ele e a Andrea, sua mulher, a cada 30 ou 60 dias. Chamava-me de "Português". Lamentei muito que tenha morrido tão prematuramente, com apenas 56 anos.

Dessa vez, a demissão teve um gosto mais amargo do que quando saí da Sharp. Havia semelhanças nos dois casos: em ambos, o *turn around* ainda estava acontecendo, não havia se consolidado. Em ambos, entrei em choque com os acionistas. No entanto, no caso da Telemar, quiseram dar a impressão de que eu havia errado. Divulgaram que a empresa não estava tão bem assim, que a operação no Rio continuava caótica, que eu usava a verba de publicidade para fazer marketing pessoal[65]. Colocaram em dúvida minha capacidade gerencial. Não foi apenas falta de reconhecimento pelo trabalho feito. Houve uma tentativa de manchar a minha reputação. Algumas reportagens sobre a minha demissão falaram que havia perdas não provisionadas que poderiam chegar a 600 milhões de reais. Para mim, estava claro que os controladores estavam por trás dessas notícias. Não pude responder em função do meu contrato de saída.

---

[65] Joaquim Castanheira e Leonardo Attuch, *IstoÉDinheiro*, 25/07/2001.

No entanto, todo o pessoal da operação, que era responsável pelas definições das possíveis perdas operacionais, principalmente sobre devedores duvidosos, continuou o mesmo — sinal de que não havia nada errado com os números. Eu, como presidente, nunca opinei sobre a quantificação de perdas nas contas a receber.

No dia seguinte à demissão, fui buscar as minhas coisas. Conversei pessoalmente com cada diretor. A minha sala ficava no canto, com uma vista linda para o Aterro do Flamengo. A Renata Moura se lembra de me ver retirando da parede uma pintura da Anacelia, minha filha. Depois, percorri os dois andares que ocupávamos no Rio Sul, agradeci empregado por empregado pelo que tinham feito pela companhia. Todos tínhamos vivido intensamente aqueles 30 meses. Todos tínhamos dado a alma para aquela empresa. Todos tínhamos motivos para nos orgulhar.

Eu também tinha motivos para orgulho, mas, como diz o Francisco Prieto, que deixou a Telemar logo depois de mim, na vida profissional, o amor é meio efêmero.

Receita para a gestão participativa

Durante muitos anos, fui chamado para falar sobre gestão participativa. Costumava enfatizar que a empresa é resultado das pessoas que nela trabalham e não dos seus recursos materiais. Em agosto de 1998, por exemplo, estava na Vale quando fui convidado a dar uma palestra ao jornal *O Dia*, do Rio de Janeiro. Aqui estão as principais crenças que apresentei lá e que desenvolvi praticando a gestão participativa em todos os lugares por onde passei:

1. **Transparência**: é um estilo de gestão que começa com o primeiro nível da empresa; exige grande capacidade de ouvir e visibilidade total de atitudes e de informações. É trabalhoso e os resultados virão no longo prazo.
2. **Comunicação**: não há transparência sem comunicação, mas eu sempre preferi a troca de informações presencial em vez da impressa. As reuniões informativas quebram barreiras, desmistificam o poder e dão oportunidade às pessoas de serem ouvidas e de perguntarem quando não entenderem. O resultado é um incremento no sistema de participação. Entre outras ações, recomendo café da manhã com os operários, reuniões com jovens talen-

tos para levantamento de valores e manter sempre as portas abertas.

3. **Gestores de negócio:** o CEO precisa fazer reuniões periódicas e específicas com todos os níveis gerenciais, seja para falar dos resultados ou de outros assuntos. Os executivos de nível intermediário devem ser os gestores do negócio e agir como empreendedores. Para isso, na minha opinião, precisam de informação e de uma competência fundamental: negociação. Os resultados serão atingidos por meio de negociação interna dos objetivos. Isso requer treinamento.

4. **Plano estratégico:** na gestão participativa, a estratégia nasce da visão e expectativas do conselho de administração sobre o futuro da empresa. No entanto, cabe ao corpo gerencial o desenvolvimento das estratégias de médio e longo prazos, além do plano de ação de curto prazo, que por sua vez é desmembrado em objetivos de divisões, diretorias e metas individuais. Uma vez aprovado, o plano estratégico será desdobrado até o chão de fábrica, onde serão definidos os objetivos de venda e produção, os índices de qualidade e eficiência, as previsões de recursos humanos, a utilização de capital e as despesas.

5. **Empatia:** a capacidade de se colocar no lugar do outro deve ser estimulada em toda a empresa, não importa o nível hierárquico.

6. **Respeito:** este é o valor que alicerça a gestão participativa. Deve ser praticado entre todos, mas especialmente pelos líderes, que precisam aprender a ouvir as ideias de seus subordinados e respeitá-las.

7. **Resultado:** a gestão participativa é orientada para resultados; por isso, as informações devem ser simples e ágeis, entendidas por todos os níveis. Desde o CEO ao operário, todos devem conhecer os números e estarem preocupados com o resultado pois sabem que apenas as empresas de sucesso financeiro pagam bons salários e participação nos resultados.
8. **Ambiente de trabalho:** o profissionalismo, o respeito e a empatia ajudam a criar um ambiente de trabalho de satisfação dentro da empresa. Importante também que cada um entenda que faz mais do que executar uma tarefa: o seu trabalho é uma etapa fundamental do negócio.

PARTE 4

Quanto mais alto, maior a queda

Certeza

De tudo ficaram três coisas:
A certeza de que estamos sempre começando,
A certeza de que é preciso sempre continuar, e
A certeza de que seremos interrompidos sempre antes
de terminar.
Portanto, devemos
fazer da interrupção, um novo caminho
Da queda, um passo de dança
Do medo, uma escada
Do sonho, uma ponte
Da procura, um encontro

FERNANDO SABINO

Este poema de Fernando Sabino me acompanha há muitos anos. Sabino diz que tudo na vida se resume a três coisas: primeiro, você precisa sempre começar, segundo, precisa sempre continuar, e terceiro, você sempre vai ser interrompido antes de terminar. A interrupção, em geral, é provocada, chega sem você achar que está na hora. Então, precisa fazer "da queda, um passo de dança", como a bailarina que cai no palco: ela nunca fica no chão, se levanta e continua dançando. Eu fiz muitas palestras na igreja, para casais, usando este poema como metáfora para a nossa vida. De certa forma, é uma metáfora também para a minha vida, dos muitos começos e recomeços e quedas que experimentei ao longo de 54 anos de carreira. Dentre todas as quedas, certamente a da Telemar foi a que mais mexeu comigo porque eu achava que tinha competência para terminar o que tinha começado — e fui interrompido.

Uma interrupção que colocou o meu nome na imprensa com todo tipo de especulação: desde os motivos obscuros da minha demissão até uma suposta corrida de *headhunters* para me encontrar um emprego. "Headhunters na caça de emprego para Manoel Horácio" era a chamada de primeira página do *Jornal do Commercio*, poucos dias depois da demissão. Na reportagem interna, "Quem larga na frente?", os jornalistas especularam sobre "o destino do executivo de R$ 1 milhão por ano (...)"[66] e afirmavam que "Entre as qualidades de Manoel Horácio estão a facilidade para costurar diferenças entre os diversos setores da empresa, transitar com desenvoltura pelos salões do Governo e projetar estratégias audaciosas. Sem falar numa especial habilidade para revitalizar a imagem de empresas consideradas micos — como era a própria". Na *Exame*, uma analista de corretora de investimentos, disse: "Horácio transformou uma empresa desacreditada, sem o apoio de um operador internacional, no carro-chefe do mercado acionário brasileiro."[67]

Nenhum desses supostos elogios foi capaz de evitar a mágoa, a tristeza e o abatimento do dia seguinte como um desempre-

---

[66] Ursula Alonso, Aline Abreu e Débora Oliveira, *Jornal do Commercio*, 22/07/2001.
[67] Cristiane Correa, *Exame*, 08/08/2001.

gado. Quando voltei para casa, tinha acabado o frenesi dos 120 telefonemas por dia, das conversas com ministros, de ser a estrela nos palcos corporativos. Quem não cultiva um certo senso de humildade, pira. Eu tive alguns amigos que caíram do Olimpo e se deprimiram para o resto da vida. Não conseguiram se recompor. Para mim, o importante é que os verdadeiros amigos continuaram me ligando. Fica um pouco de desalento? Fica. Mas eu sempre me recompus com uma velocidade brutal.

Isso foi possível porque nunca confundi o meu nome com o sobrenome corporativo, que valoriza muito o executivo, levando muitos a esquecerem que ao perder a chancela da empresa têm que sobreviver com seu próprio nome. Eu sempre cuidei da minha marca pessoal, e não falo isso somente por causa das centenas de entrevistas que concedi para jornalistas. No dia a dia, eu fui um cara que procurei dar atenção para todo mundo. Se não tinha tempo para responder às ligações, pedia para a secretária ligar, perguntar qual era o problema, o que a pessoa precisava. Nunca deixei de dar uma satisfação. Acredito que fui arrogante com os arrogantes e simples com os humildes. A Maria Lúcia tem um quadro aqui em casa com a frase: *"I'm not arrogant, just better than you"* ("eu não sou arrogante, apenas melhor que você"). É por aí.

Graças a Deus, vim de uma família pobre, de imigrantes, que teve que conquistar seu espaço, valorizar cada centavo. Fiz o meu nome nas pequenas e nas grandes atitudes. Uma coisa que aprendi é que, por melhor que você seja, nem todo mundo vai te adorar. É uma realidade da vida: alguns sentirão ciúmes do teu sucesso e outros raiva porque você não fez alguma coisa que deveria ter feito para ajudá-los. Você vai desagradar muita gente e precisa conviver com isso. Esses aprendizados são importantes especialmente quando você perde o emprego.

A primeira vez que fui demitido, era um jovem com prestações do primeiro apartamento para pagar, com intenções de casar e que, subitamente, ficou sem renda durante quatro meses. Há fatos na nossa vida que nos levam a pensar que não temos sorte e, possivelmente, estes são os momentos mais importantes na definição do nosso futuro. Como diz o poema, é preciso se levantar. Para a entrevista de emprego na Ericsson, vesti o meu melhor terninho, que não eram mais que dois, e dei início à carreira de executivo que culminou na Telemar, o maior desafio da minha vida. O que fazer depois disso?

Estava com 56 anos. Na época, ouvi muitos amigos dizerem que eu não tinha que provar mais nada a ninguém. Sugeriram que eu me dedicasse a dar aulas, palestras e consultoria. Enfim, promover a qualidade de vida depois de muitos anos trabalhando 12 horas por dia. Foi uma batalha terrível contra a minha própria vaidade e orgulho, mas dei um tempo, decidi fazer um sabático. Em 2003, fui entrevistado pelo Museu da Pessoa dentro do projeto "Vale Memória" e contei sobre a minha vida e carreira. É um vídeo longo, mas na parte sobre o sabático, falei sobre a viagem que organizei com minha mãe e irmãos para Portugal. Segue um resumo do que falei sobre a viagem:

- *Minha mãe estava com 81 anos e nunca tinha feito uma viagem com os três filhos. Marquei com meus primos, que produzem vinho, de chegarmos justamente na época da vindima. Nós participamos do mutirão para a colheita das uvas, que durou uns dois ou três dias. Ajudamos a fazer o vinho do ano, com todos aqueles rituais da pisa da uva.*

- *Depois, visitamos todos os parentes e amigos. Minha mãe ficou muito feliz. Ela estava radiante de voltar para seu país acompanhada pelos seus três meninos.*
- *Para concluir a viagem, peguei meus dois irmãos e rodamos pelo norte de Portugal. Visitamos três regiões maravilhosas durante uma semana.*

Esse retorno às origens me fez muito bem, mas seis meses depois eu já estava procurando o que fazer. Eu trabalhava desde menino — e esse foi o período mais longo que fiquei sem uma atividade regular. A ideia de trabalhar por conta própria, como consultor ou empresário, não me apetecia. Ao mesmo tempo, com a economia em "marcha lenta[68]", não havia oportunidades sobrando no mercado naquela época. As propostas de emprego que recebi partiram de empresas com tamanho inferior às que gostaria de comandar. O que mais apareciam eram empresas quebradas que precisavam de um CEO de grife, um reestruturador que tivesse a confiança do mercado, para ajudar a salvá-las. Havia uma outra questão: o setor de telecomunicações era extremamente bem-pago naquela época, tinha metas agressivas e faltava gente. No resto do mercado, os salários eram bem menores.

Também acredito que a minha fama de independente, de executivo que gostava de atuar com autonomia, deve ter afastado algumas empresas. Alguém disse, e eu concordo, que eu não tinha "perfil de rainha da Inglaterra[69]". Segundo relatou a

---

[68] Vladimir Brandão, *Época*, 01/04/2002.
[69] Heloisa Magalhães, *Valor Econômico*, 23/07/2001.

revista *Época*, em abril de 2002 eu estava atuando como consultor "em três pequenos projetos que lhe deixam tempo de sobra, enquanto aguarda propostas capazes de animá-lo".

Um desses projetos era o do Banco Fator.

Uma relação na corda bamba

"Era uma vez um grupo de quatro aventureiros que decide participar de um leilão de privatização. Por obra do acaso e com uma boa dose de sorte, esse consórcio vence a disputa, mas, em um dos maiores escândalos do mundo dos negócios, é logo apelidado de telegangue. Era uma história fadada ao fracasso até que, num belo dia, entra em cena um mago da administração: o executivo Manoel Horácio Francisco da Silva. De repente, uma empresa antes tida como um antro de malvadezas torna-se a companhia mais eficiente do setor, e, em pouco mais de dois anos, instala mais linhas telefônicas em sua região de atuação do que o Sistema Telebrás fez em toda a história. Era o bom executivo domando os maus instintos dos acionistas. Só que na quinta-feira, 19, sua história à frente da Telemar chegou ao fim. Ele foi demitido pelos sócios do grupo, que não aguentavam mais ler nos jornais e ouvir de analistas de mercado que todo o crédito pela modernização da empresa cabia apenas a ele, Manoel Horácio Francisco da Silva. Era esse o paradoxo da Telemar: os acionistas eram ruins, mas o executivo era um gênio."[70]

---

[70] Joaquim Castanheira e Leonardo Attuch, *IstoÉDinheiro*, 25/07/2001.

Começava assim a reportagem da revista *IstoÉDinheiro* sobre a minha demissão da Telemar, intitulada "3x1 — Adeus, Horácio: presidente da Telemar cai por ordem de três dos seus quatro patrões". Ela ilustra como são difíceis as relações entre o CEO e os acionistas. Nas companhias com as quais lidei diretamente com o acionista — Sharp, Vale, Telemar e Fator —, percebi um *modus operandi* neste relacionamento: o executivo começa com liberdade para promover as mudanças, montar a equipe e planejar um futuro brilhante para todos; com o tempo, o espaço de trabalho vai diminuindo, diminuindo, o acionista vai puxando a corda, até o momento em que a corda se rompe. E, como sou do tipo que precisa de autonomia para trabalhar, a corda se rompeu várias vezes comigo. A mais tumultuada e devassada publicamente foi sem dúvida a da Telemar.

Os conselhos de administração atuais são bem diferentes daqueles que tínhamos há 20 anos. Não havia governança corporativa, como pregam as boas práticas de hoje, com transparência, equidade, prestação de contas e responsabilidade corporativa[71]. O conselho da Telemar, por exemplo, era formado unicamente por representantes dos acionistas — cada um defendendo os próprios interesses que, nem sempre, eram os da empresa. Por que eles me contrataram? Porque precisavam de alguém capaz de cumprir as metas de universalização previstas no contrato de privatização. Sinceramente, acho que eles nunca acreditaram que conseguiríamos. Quando entreguei o resultado, tornei-me dispensável.

---

[71] Fonte: IBGC | Disponível em: https://www.ibgc.org.br/conhecimento/governanca-corporativa.

O Francisco Prieto, que me acompanhou na Ericsson, Sharp e Telemar, diz que eu circulava bem no ambiente dos conselheiros. Que eu sabia fazer concessões, negociar e me relacionar até com pessoas que eu não gostava muito. Ele tem razão, porque sempre fui um sujeito que procurou se relacionar da mesma forma com todos os níveis, desde os tapetes de Brasília até o chão de fábrica. Essa habilidade política, no entanto, tem um limite, especialmente quando os meus interesses divergiam daqueles dos acionistas. No caso da Telemar, já falei antes, eu estava preocupado em arrumar a rede, melhorar a eficiência, construir uma empresa competitiva, mas os acionistas estavam preocupados em gerar caixa e receber dividendos. A corda arrebentou para o meu lado, claro.

A mesma reportagem da *IstoÉDinheiro* citada acima — que estava longe de ser 100% favorável a mim —, lembra que também saí da Sharp por divergências com o conselho e termina com uma frase premonitória:

> "*O tempo e a concordata da Sharp provaram que o plano estratégico de Horácio estava correto. No caso da Telemar, será necessário esperar alguns anos*".

A espera demorou até 20 de junho de 2016, quando a Oi[72] entrou com o então maior pedido de recuperação judicial da história do Brasil. Com cerca de 70 milhões de clientes, a líder em telefonia fixa e quarta em telefonia móvel estava com dívi-

---

[72] Em março de 2002, Telemar passou a investir na telefonia móvel com o nome OI. Em 2007, unificou todos os serviços sob a mesma marca.

das de R$ 64,5 bilhões[73]. Eu não tenho conhecimento suficiente para avaliar como foi a gestão da empresa depois que eu saí, mas o histórico de 11 CEOs desde a privatização até 2016 — eu fui o segundo — não me parece uma coisa boa: em 18 anos, cada um ficou, em média, um ano e seis meses no cargo. "A troca constante é atribuída à falta de sintonia entre os principais acionistas da empresa, além das dívidas que dificultavam a realização de investimentos", escreveu a revista *Época*[74]. O tempo tornou claro que o problema não era dos executivos e eu, modestamente, me incluo nisso.

O fato é que o CEO precisa de muito mais do que resultados para se manter no cargo. Veja o caso do meu amigo Roger Agnelli, que consolidou a Vale como uma das maiores produtoras globais de minério de ferro e a segunda maior mineradora do mundo. Durante sua gestão, as ações da empresa se valorizaram em 1.583%. Em todos os sentidos, obteve absoluto sucesso, mas foi demitido a pedido de um dos maiores acionistas, o Governo Federal, na figura do ex-ministro Guido Mantega. O conflito com Brasília teria se iniciado em 2008, quando a Vale demitiu duas mil pessoas. Como estávamos em plena crise econômica, Agnelli irritou o Governo. A revista *Veja* chamou essa de "a demissão por excesso de competência[75]". É mais um caso em que os objetivos do CEO divergiram dos objetivos de alguns acionistas.

---

[73] G1: Disponível em: http://g1.globo.com/economia/negocios/noticia/2016/06/oi-entra-com-pedido-de-recuperacao-judicial.html.

[74] Paula Soprana e Bruno Ferrari, *Época*, 21/06/2016.

[75] *Veja*. Disponível em: https://veja.abril.com.br/blog/augusto-nunes/a-troca-do-presidente-da-vale-informa-que-o-governo-brasileiro-acabou-de-inventar-a-demissao-por-excesso-de-competencia/.

Ciúmes corporativos

Quando saí da Telemar, em algumas reportagens, fui acusado de usar a verba de marketing da empresa para me promover. A revista *IstoÉDinheiro* escreveu que "(...) segundo os sócios, o presidente da operadora, com uma verba anual de R$ 180 milhões para gastar em publicidade, gostava disso e era muito hábil para trabalhar seu marketing pessoal, mas negligenciava o dia-a-dia da companhia"[76]. Não fica muito claro como eu teria feito esse uso pessoal da verba da companhia, mas me lembro claramente de ter sido chamado várias vezes para explicar reportagens em que eu aparecia e os sócios, não. Eu explicava que, sendo presidente de uma das maiores empresas do país, precisava ganhar credibilidade do mercado, tinha que me posicionar sempre que possível. Mais do que isso: assim, eu conseguia deslocar a imagem da Telemar das notícias ruins envolvendo os sócios. E, ao dar transparência à companhia, desfiz o medo que o mercado teve logo após a privatização de que nos faltava um operador internacional com competência técnica em telecomunicações. Em outras palavras, emprestei meu nome e credibilidade para eles.

---

[76] Joaquim Castanheira e Leonardo Attuch, *IstoÉDinheiro*, 25/07/2001.

Experimentei o ciúme dos acionistas também na Sharp. O Sérgio Machline nunca engoliu o fato de eu ser chamado a dar entrevistas sobre a empresa dele. "O difícil equilíbrio entre o CEO e acionistas" foi o título de uma reportagem da *Gazeta Mercantil* em 2001. Nela, a repórter Daniele Madureira, escreveu: "Outro ponto de estresse é o ciúme dos membros do conselho e acionistas, que não gostam de ver o principal executivo aparecendo demais na mídia"[77]. E complementa com uma fala de Bengt Hallqvist, o lendário fundador do Instituto Brasileiro de Governança Corporativa (IBGC): "Eles são os donos e não concordam que um executivo leve a fama pela empresa deles". Hallqvist, que morreu em 2019, conta na reportagem que, quando foi CEO, assim como aconteceu comigo, chegou a ser intimado pelos acionistas a deixar de atender a imprensa.

Quando o CEO é fraco, acaba aceitando a pressão dos acionistas. Eu sempre procurei vender o meu peixe, dentro e fora da empresa, não apenas com a imprensa, mas também com os analistas e o mercado. Fazia isso independente dos acionistas. Afinal, os resultados obtidos durante a minha gestão, sendo bons ou ruins, estariam registrados no meu currículo, na minha história pessoal. A minha consciência dizia que eu tinha a missão de defender a empresa — e para isso precisava ter voz. Quando a minha voz perdia peso, ou saía ou era saído. Ao mesmo tempo, como lembra a Renata Moura, eu procurava não levar essas desavenças para a minha equipe. Renata diz que eu sabia criar uma "camada impermeabilizante" entre o conselho e a operação. Eu fico feliz de saber disso porque, à exceção dos executivos

---

[77] Daniele Madureira, *Gazeta Mercantil*, 07/08/2001.

mais próximos, como ela era na Telemar, eu evitava comentar publicamente as picuinhas do conselho.

A minha relação com os acionistas, que nem sempre foi tranquila, pode dar uma impressão errada de que eu tomava as decisões todas sozinho e isso os irritava. É verdade que sempre gostei de trabalhar com autonomia, mas dentro dos limites aprovados pelos conselheiros. A reengenharia da Ficap, por exemplo, foi toda negociada com o conselho antes mesmo de eu assumir. O plano foi discutido e aprovado pelos acionistas, afinal eu precisava vender ativos para fazer caixa, renegociar dívidas com os bancos, resolver débitos tributários. Nenhum CEO tem autonomia para isso.

Jogo de cintura é uma habilidade fundamental que todo CEO precisa aplicar nos relacionamentos com os acionistas. Algumas vezes, o conselho também extrapola os limites de suas atribuições e quer executar, entrar na operação, ocupar o espaço que é da diretoria-executiva. Isso é mais corriqueiro em empresa de dono, em que o acionista é também o conselheiro e não sabe separar os papéis. Aconteceu comigo na Sharp e na Telemar. No Fator foi um pouco diferente, mas não gostei de ser esquecido na festa dos 40 anos; fiquei incomodado por ter sido excluído completamente do palco; nem ao menos fui mencionado.

Vida de banqueiro

No final de 2002, eu estava com 57 anos, ansioso por retornar à ação. O período sabático tinha sido uma oportunidade para me reconectar com o passado da família e para descansar dos anos intensos na Telemar, mas já estava cansado daquela vida sem, digamos, agenda cheia. A volta oficial ao mundo empresarial aconteceu um ano e meio depois da demissão na Telemar. Eu falo "oficial" porque já vinha atuando nos bastidores havia vários meses como consultor do Walter Appel, do Banco Fator. O Walter era um velho conhecido. Nossos caminhos se cruzaram quando ele trabalhou para o Comind (comprado depois pelo Bradesco), antes de se tornar um dos sócios do Banco Fator, e nos tornamos amigos. O Fator era um conglomerado de quatro empresas, com quatro sócios, cada um cuidando do seu pedaço de forma bastante independente. O Walter me pediu um diagnóstico do negócio, que era um dos mais ativos bancos de capital brasileiro nas áreas de fusões e aquisições e em privatizações, mas vinha perdendo espaço para concorrentes locais e estrangeiros.

Eu não era do mercado financeiro, mas após avaliar a forma como o Fator vinha sendo conduzido, tive que dizer claramente aos quatro sócios: "O problema do banco não é o banco, são vocês, porque cada um dirige sua área como se ela fosse distante das outras e com sua própria velocidade e estilo". Pontuei que sem integração com os demais, eles estavam perdendo oportunidades de sinergia. Apresentei meu diagnóstico e deixei o meu *PowerPoint* com eles. Um tempo depois, o Walter me chamou e disse que ia comprar a parte dos sócios. Além de me encarregar de tocar o *valuation* do banco, queria que eu conduzisse a negociação com o Sylvio Luiz Bresser-Pereira (Tesouraria), o Francisco Pierotti (Fator Projetos) e o Carlos Alberto Paes Barreto (Corretora). Appel, que era o responsável pela *Asset Management*, tinha 33% do grupo; Bresser e Pierotti, 31% cada; e Barreto, 5%.

A negociação foi arrastada, demorou vários meses, especialmente por causa das incertezas políticas provocadas pela eleição presidencial de 2002. Quanto mais o Lula se aproximava da vitória, mais o *valuation* do banco ficava favorável para o Walter, que não se assustava com um possível governo petista. Achava que a economia não iria sofrer e enxergava uma grande oportunidade de comprar 100% do banco. O valor só foi fechado depois da famosa "Carta ao povo brasileiro[78]", título do texto em que o então candidato à presidência, Luiz Inácio Lula da Silva, tranquilizou o mercado ao assegurar que, caso fosse eleito, respeitaria os contratos nacionais e internacionais.

Quando, enfim, concluímos a negociação, levei os contratos para o Walter assinar. Então, ele me surpreendeu ao afirmar: "Só assino se você vier como presidente do banco". Ressaltei que nunca tinha trabalhado em banco e que achava essa uma atividade para gente jovem, com energia; não era para mim. Dias

---

[78] Publicada em 22/06/2002.

depois, a então mulher dele, a escritora e dramaturga Leilah Assumpção, ligou para a Maria Lúcia pedindo para ela me convencer. Pensei alguns dias e fui almoçar com a Fátima Zorzato, *headhunter* que se tornou minha amiga. Minha dúvida era: "Se não der certo no Fator, minha carreira está terminada?". Ela me tranquilizou dizendo que se tratava de um novo ciclo, que eu poderia sair dele a qualquer momento. Se não me adaptasse, não seria o meu fim. Depois disso, liguei para o Walter: "Pode comprar, assina o contrato que eu vou ser presidente". A notícia saiu no dia 1º de outubro, cinco dias antes do primeiro turno da eleição: "Appel torna-se único dono do Fator — Banqueiro compra a parte dos sócios e convida Manoel Horácio para a presidência da instituição[79]".

Segundo relata a *Gazeta Mercantil* da época, o Fator tinha pouco mais de 33 milhões de reais em patrimônio e vinha se destacando na assessoria de privatização, fusões e aquisições. Já tinha feito 17 dessas operações, com destaque para a privatização do Banespa. Já a corretora era a sexta maior em movimentação na Bovespa. Como eu já conhecia os principais executivos porque tinha conversado com eles na época da consultoria, a primeira coisa que fiz foi chamar todos para uma reunião e apresentar uma meta: "Vamos crescer cinco vezes em cinco anos". Um dos presentes levantou a mão e perguntou: "Como a gente vai fazer isso?" Respondi: "Não tenho a mínima ideia, vocês é que conhecem o negócio, mas nós podemos crescer cinco vezes porque somos pequenos e há muitas oportunidades no mercado".

---

[79] Raquel Balarin, *Valor*, 01/10/2002.

Com uma nova estrutura organizacional, criamos uma visão única para o grupo. O desafio inicial foi fazer as áreas encontrarem espaços para sinergias e *cross selling*. Logo nos primeiros meses, focamos em três áreas de negócios: a corretora Fator Doria Atherino, a Fator Administração de Recursos (FAR) e a Fator Projetos, dedicada a fusões, aquisições e modelagens de privatizações. A área de Tesouraria foi drasticamente reduzida, pois, embora importante, nunca foi uma grande geradora de caixa. Ao mesmo tempo, centralizamos na holding as áreas de *back office*, como gestão de risco e marketing. Por trás de tudo isso, fizemos um plano de meritocracia muito grande para recompensar as áreas e as pessoas que realmente ajudassem o crescimento do banco — que foi realmente fabuloso nos primeiros anos.

No olho do furacão

Para apoiar o plano de crescimento, fomos às compras. Em poucos meses, fizemos cinco negócios: adquirimos o *home broker* do Lemon Bank; a carteira do site Investa, antes controlado pelo Itaú; a mesa de open e mais um título na BM&F, além das duas que já possuíamos. Também fizemos um acordo operacional com a corretora Multitrade pelo qual operávamos para eles no Brasil e eles, para nós, em Wall Street. Na FAR, que era a menina dos olhos do Walter, e na qual ele se manteve como presidente, estabelecemos a meta de aumentar de R$ 1,4 bilhão para R$ 4 bilhões os recursos sob gestão. Para isso, abrimos escritórios em outras capitais, começando por Curitiba, além de fazer ações de marketing para aumentar a identificação dos nossos fundos (o fundo Plural, por exemplo, passou a ser chamado de Fator Plural).

A área de Projetos era a que mais estava gerando visibilidade no começo de 2003. E o motivo era um só: o Walter tinha conseguido que o Fator fosse o responsável por um dos maiores projetos de fusão em curso no país à época: o da Varig com a TAM. A Projetos tinha outros 20 mandatos nas mãos, como o da Chapecó e da Inepar[80], mas nenhum causava tanto furor

---

[80] Raquel Balarin, *Valor*, 21/05/2003.

nacional quanto o da negociação entre as duas companhias aéreas. Quando elas assinaram um protocolo de intenções para tentar encontrar uma saída conjunta para suas crises, o assunto agitou o país. "Varig e TAM se unem para criar nova empresa aérea[81]" foi a manchete da primeira página de O Globo no começo de fevereiro. Era um assunto em que até o Governo Federal estava envolvido. Na foto que ilustrou a reportagem interna de O Globo, entre os presidentes das duas companhias, aparece o então ministro da Defesa, José Viegas.

O futuro daquela negociação tinha papel estratégico para o país e eu era chefe do Venilton Tadini, coordenador da tarefa, na época responsável pela área de Fator Projetos. A mídia me tratava como "o coordenador da tarefa de reunir informações e tornar viável a fusão"[82] ou o "piloto da fusão Varig-TAM"[83], como me chamaram os jornais. O *Monitor Mercantil* escreveu[84]:

"O Banco Fator e a Fator Projetos e Assessoria vão assessorar o processo de união das operações da Varig e da TAM. Um protocolo de entendimento já foi assinado em Brasília e a operação será coordenada por Manoel Horácio Francisco da Silva. Sob o comando do banco, poderão ser contratadas durante o processo outras consultorias jurídicas e técnicas. O prazo máximo para a definição do modelo da empresa que será criada foi estabelecido em 30 de junho. O protocolo prevê a possibilidade de

---

[81] Geraldo Doca, Martha Beck, Erica Ribeiro e Ramona Ordoñez, *O Globo*, 07/02/2003.

[82] Mirelle de França, *O Globo*, 07/02/2003.

[83] Alberto Komatsu, *Jornal do Brasil*, 09/02/2003.

[84] Nelson Priori, *Monitor Mercantil*, 06/02/2003.

prorrogação do prazo, mas os coordenadores acreditam que terão o projeto concluído nesse período.

Segundo dirigentes das duas empresas, o acordo não provocará mudanças para os usuários das companhias aéreas nos próximos meses. Enquanto durar o processo de avaliação e análise de viabilidade da operação, as duas companhias continuarão atuando de forma independente. O pitoresco é que ninguém sabe se a nova empresa será uma companhia aérea fruto da fusão da Varig com a TAM ou uma holding para controlar as duas companhias."

Tudo parecia caminhar para o surgimento de uma nova empresa, que deteria 65% do mercado doméstico de aviação. Um fato relevante chegou a ser publicado em setembro informando que "o contrato celebrado, assinado em caráter irrevogável[85]" uniria as duas maiores empresas aéreas nacionais. Era irrevogável, só que não deu certo. Os meses foram passando, passando e um ano depois, a fusão ainda não tinha saído do papel. O modelo de *code share* criado na fase inicial da fusão racionalizou as principais rotas, fazendo com que a ocupação média dos voos atingisse ao redor de 80%, reduzindo significativamente o custo operacional, principalmente da Varig. Mas o mercado mudou, o governo tirou o pé e as duas empresas titubearam em completar a fusão. Tocaram seus planos achando que poderiam sobreviver independentes. Faltou coragem aos principais executivos para tomarem a decisão.

---

[85] Fabíola Bemfeito, *Panrotas*, 17/09/2003.

O resultado foi visto nos anos seguintes: em 2006, a Varig entrou em recuperação judicial e em 2010 foi decretada sua falência. A TAM seguiu sozinha até 2008, quando se fundiu à chilena LAN, criando a Latam.

Colegas de trabalho

Fui presidente do Fator por oito anos e mais alguns como conselheiro. Durante o primeiro período, eu e o Walter usamos a mesma sala com mesas paralelas, como se fôssemos colegas de trabalho. Como presidente do banco, eu era o chefe, mas ele era o dono e presidente da holding Fator Empreendimentos e Participações. Apesar de ter sido minha última função executiva, essa foi a única vez em que o dono da empresa estava ao meu lado, participando de todas as decisões. Eu costumava brincar que eu era o chefe, mas quem realmente mandava era o Walter, pois ele tinha a opção de trocar de presidente a qualquer hora. Apesar disso, exerci durante muito tempo a liderança do banco com tranquilidade, fazendo o que mais gosto de fazer: energizar as pessoas para a transformação, o crescimento, compartilhando uma visão única.

Tivemos um grande desafio de unificar os processos de trabalho nas três áreas de negócios remanescentes. Uma empresa pequena consegue sobreviver sem processos, mas quando começa a crescer, precisa operar racionalmente. Eu dizia: "Precisamos trabalhar de uma forma profissional. Vamos definir processos, reformar sistemas e preparar realmente para o crescimento". E sempre reforçava nossa meta de crescer cinco vezes em cinco anos. E logo começamos a ver os resultados. Em 2004, a corretora se tornou a maior do país. No mesmo ano, a administradora de recursos cresceu em 18% o volume de recursos sob sua administração, acima da média do setor, de 1,57%[86]. A área de M&A (*Merger and Acquisitions* ou, no português, fusões e aquisições), que já era forte, se fortaleceu ainda mais e ganhou muito dinheiro. Depois de prejuízos em 2000 e 2001, o lucro voltou. Como havíamos adotado um agressivo plano de participação nos resultados, a equipe foi recompensada — e muito bem.

O ritmo de crescimento continuou nos anos seguintes. Em 2007, comemoramos os 40 anos do Banco Fator com os melhores resultados financeiros e de negócios da nossa história. O lucro líquido cresceu 168% e o retorno patrimonial, 89%. Naquele ano, atuamos com três núcleos de negócios: administração de recursos, corretora e banco propriamente dito, com atividades de tesouraria, *private banking* e banco de investimentos. A FAR continuava sendo uma empresa independente, com estrutura própria de analistas de investimentos e economistas. Já a Corretora abriu um braço em Nova York para atender investidores estrangeiros interessados no mercado brasileiro[87].

No mesmo ano de 2007, a Bovespa realizou o seu próprio IPO (*Inicial Public Offering*) num pregão histórico, o maior feito até então. Naquele tempo, a bolsa pertencia a um clube de corretores, que eram donos de títulos. O Fator era dono de vários desses títulos na Bovespa e na BM&F, que também abriu capital em 2007 (hoje, elas estão unificadas na B3). Todas as corretoras se beneficiaram desse IPO. Quando as bolsas abri-

---

[86] Flavia Lima, *Valor*, 24/2/2005.
[87] Informe Publicitário, *Exame*, 10/10/2007.

ram o capital, o Fator colocou cerca de 30% de suas ações à venda. Eu teria vendido tudo, mas o Walter não conseguiu desapegar do papel. Ele sempre foi um cara do mercado de capitais, com uma perspicácia e uma acuidade para descobrir papéis que realmente pouca gente tem. Só que é um gestor de papéis de longo prazo. Ele senta em cima do papel, pode despencar que ele não se desespera.

Seguimos com resultados consistentes — a reestruturação do banco tinha dado certo, estava tudo caminhando muito bem — até que veio a crise financeira global de 2008, que mexeu estrondosamente com os mercados, causando quebradeira de vários bancos nos Estados Unidos e na Europa. E, claro, a crise mexeu profundamente com o mercado financeiro brasileiro. A corretora sofreu bastante com a queda do mercado de ações e o nível de negócios despencou. O que gerava bons lucros para o Fator eram renda variável e a área de M&A. No entanto, com a crise, os mercados se voltaram para crédito e operações de tesouraria, que não eram nossa especialidade. Eu, principalmente, não tinha o perfil para a gestão dessas duas áreas. A operação de IPO da Bolsa de Valores de São Paulo (Bovespa), com consequente venda de nossa participação, deu um fôlego para a Tesouraria do banco de 2008 a 2010.

Naqueles primeiros anos no Fator, acho que o que mais me surpreendeu foi o ritmo do negócio. Nada comparado com o que tinha vivido antes. No mercado financeiro, você toma decisão às 9h, mas pode ser revista às 10h porque saiu uma notícia, algo que muda o cenário completamente. Num único dia, a decisão podia ser alterada várias vezes. Fecha, vende, segura. Aquilo era outro mundo, muito mais veloz e arriscado. No começo, fiquei assustado, mas depois gostei da dinâmica, daquela sucessão de decisões. Aprendi muito conversando com as pessoas, como sempre fiz. Conversava com todo mundo, ficava pouco na minha mesa. Circulava, sentava em todas as áreas. Por questões do *compliance*, em alguns lugares a legislação me impedia de entrar. Mas naquelas liberadas, eu cumprimentava todo mundo, todo dia, várias vezes por dia. Chegava na corretora, perguntava sobre o volume de negócios. Na Projetos, as últimas novidades.

Com o apoio da Selma Pantel, que foi contratada em 2006 para criar a área de relações institucionais e a comunicação do Fator, consegui estabelecer o café da manhã com o presidente, que já tinha feito em todas as empresas antes e continuava achando importante para me aproximar da operação. Acredito que mantive no Fator o meu estilo de liderança, próximo das pessoas, mas dando liberdade para meus diretos. A Selma, que chegou egressa do serviço público, em sua primeira experiência no setor privado, diz que conversava comigo todos os dias, mas encontrava espaço para trabalhar.

Acho importante destacar que, mesmo na cultura formal que dominava o mercado financeiro naquela época, mantive o estilo informal de me vestir — camisa social com calça esporte — e só usava terno e gravata quando tinha reunião com clientes. Acho que a simplicidade aproxima as pessoas, quebra barreiras na comunicação e promove a integração de grupos de trabalho. Eu nunca tive problemas para falar sobre a minha origem e lembrava onde havia estudado e me aperfeiçoado para o exercício das minhas funções, o que me tornava igual a todos. Nunca tratei ninguém diferente por causa do cartão de visitas. As pessoas acham que simplicidade é o oposto de elegância. Na verdade, conheço pessoas muito simples que são mais elegantes que algumas com muito dinheiro. Muitas vezes a Selma organizou visitas de autoridades nacionais e internacionais ao banco. Eram ministros, políticos e até a ex-diretora do FMI, a economista italiana Teresa Ter-Minassian. Eu procurava tratar a todos da mesma forma que tratava o operador de mesa de negociação ou um *office-boy*.

Semanalmente, nos reuníamos no comitê executivo, que era composto pelos chefes de todas as áreas, para definir os rumos do banco. Descentralizamos o processo decisório e reduzimos os ruídos de comunicação. Tempos depois, avançamos na governança com a profissionalização do conselho de administração. A decisão atendia a uma exigência do Banco Central, que alegava que o Fator já tinha atingido tamanho suficiente para ter um conselho estruturado, mas também coincidia com o meu desejo de desacelerar.

Poder dividido

Na minha cabeça e nas minhas palestras, sempre preguei que os CEOs não devem ficar mais de cinco anos na presidência de empresas, e em 2007 completei meu quinto ano de Fator. Eu também tinha decidido que deveria encerrar a carreira de executivo aos 65 anos, que completaria em 2010. Portanto, pretendia conciliar esses dois parâmetros e negociar com o Walter a minha saída, sem sobressaltos. Mas, como a minha história já mostrou até aqui, há coisas na vida que não controlamos. Uma delas foi o momento de eu passar o bastão da presidência do banco.

Eu já mencionei que 2007 foi um ano de resultado espetacular para o Fator. Quem olhava de fora, só via notícias boas. No entanto, foi também o ano que percebi que, por mais que eu trabalhasse como se o banco fosse meu, o banco não era meu. Era do Walter. E ele deixou isso bem claro na festa de 40 anos do Fator, realizada na belíssima Sala São Paulo, quando o meu nome sequer foi mencionado durante a cerimônia. Assisti da plateia. Possivelmente, a minha vaidade foi atingida e percebi que estava na hora de pensar em mudar. No entanto, essa mudança demorou três anos para acontecer devido a fatos fora do meu controle. Logo após o evento de 40 anos, veio a crise de 2008, um momento difícil para o sistema financeiro, com reflexos especialmente nos mercados de renda variável e fusões e aquisições, justamente os dois principais do banco. No ano seguinte, o Walter teve um AVC[88], que o deixou ausente muito tempo do trabalho. Não era hora de eu pular do barco. Conscientemente, eu achava que, a partir de 2008, no meu entendimento, precisávamos de outro perfil de competências para a gestão do banco, com experiência sólida em renda fixa, crédito e tesouraria. Em janeiro de 2011, Walter escolheu o Venilton Tadini para me substituir.

A relação com o Walter sempre foi muito boa, porém sua presença constante no banco fez com que os executivos convivessem com dois chefes. Com o tempo, passaram a ter interlocução ora com ele ora comigo de acordo com a conveniência deles. Quando sabiam que minha decisão seria negativa, iam conversar com o Walter para "vender" seus projetos. Assim foi criado um problema de governança, mesmo que ele não tomasse decisões sem antes me consultar. Fazendo a *mea culpa*, eu não queria entrar em confronto com o controlador e concordava com suas decisões. Dessa forma, voltamos à sina do executivo que, no início, tem carta branca para todas as decisões, mas com o tempo esse papel escurece.

O Walter é filho único de alemães e austríacos, formado em administração pela Fundação Getúlio Vargas (FGV). Avesso aos holofotes, ouve mais do que fala. Excelente analista de renda variável, capaz de em pouco tempo, após alguma mudança tributária ou regulatória, listar setores e empresas beneficiadas ou prejudicadas com as mudanças de regras. Tenho consciência de que ele, graças à nossa parceria, sentados lado a lado, cresceu

---

[88] Acidente Vascular Cerebral.

bastante. Como dono, participava de todas as decisões e tinha as próprias crenças sobre a gestão do banco. E, no final das contas, era meu chefe. Dividir o poder dificulta muito a governança em qualquer organização. Eu deveria ter conversado com ele para estabelecermos regras e limites para cada um, mas fui deixando-o crescer, até ter tomado o meu espaço. Ele não tem o perfil executivo e tem consciência disso e, por mais que quisesse uma boa governança, não conseguia se afastar das decisões.

Acostumado a grandes embates, seja com controladores ou perseguindo objetivos empresariais, pela primeira vez perdi a motivação. Estava chegando a hora de parar, deixar que meu chefe e amigo assumisse o espaço que era dele. Fui para o conselho, onde eu imaginava que poderia continuar contribuindo. Quando anunciamos que o Tadini era o novo CEO, a Maria Luíza Filgueiras, do jornal *Brasil Econômico*, escreveu que eu não estava preparado para deixar os gramados pois continuava "entre os primeiros a chegar à instituição financeira" (...) e "participando ativamente das decisões e cenários"[89]. De certa forma, apesar do meu desejo público de parar, continuei a me preocupar com tudo, a discordar de decisões dos meus sucessores, a brigar pelo que eu acreditava. Esqueci do ditado popular: "Rei morto, rei posto". É que havia um pedacinho do banco que era meu: ao longo dos anos, fui adquirindo ações do Fator, até atingir 6% de participação.

Começamos 2011 com uma nova reorganização estrutural, olhando para o setor que mais crescia, o de crédito. Coube ao Tadini a tarefa de fazer uma nova reestruturação do Fator.

---

[89] Maria Luíza Filgueiras, *Brasil Econômico*, 11/08/2011.

Sobre isso, em fevereiro de 2011, o *Valor* escreveu:

> *"A constatação de que a geração de receitas da corretora e da gestora de fundos, que sustentou o Banco Fator desde a sua criação, não era mais suficiente para garantir a rentabilização do seu patrimônio foi o gatilho para que tivesse início uma reestruturação ampla de seu modelo de negócio, que atingiu a organização interna e, por fim, a governança."*[90]

Como já mencionado acima, a reestruturação voltada para crédito estava distante da minha visão estratégica. Eu acreditava que mesmo que ela fosse ajudar a promover as operações de fusões e aquisições, essa estratégia aumentava o risco do banco. Eu, na verdade, defendia a venda do banco e tinha um argumento sólido para isso: o *valuation* de bancos naquela época era de 1,5 vezes o patrimônio líquido, indicando um valor potencial de 900 milhões de reais para o Fator. O problema é que o Walter gosta de ser banqueiro e nunca quis abrir nenhuma possibilidade de se desfazer do Fator. Podíamos ter pegado carona no movimento de consolidação de bancos pequenos e médios, já que todos perderam rentabilidade com a crise, mas eram instituições de dono ou de famílias, era difícil que uma instituição aceitasse que a outra iria agregar mais valor. A situação dos bancos pequenos e médios se complicou por mais dois motivos. O primeiro é que grandes executivos do mercado financeiro criaram butiques de M&A e novas gestoras de fundos, trazendo

---

[90] Vanessa Adachi, *Valor*, 22/02/2011.

mais concorrência. O segundo é que grandes bancos passaram a pegar operações menores, reduzindo seus *fees* pelos projetos.

A experiência de ter entrado num setor que nunca tinha trabalhado antes foi muito rica. Sempre gostei do poder para fazer as coisas acontecerem e não apenas pela vaidade do poder. Ser banqueiro era charmoso, me dava uma boa exposição no mercado, mas tinha seus problemas. O principal deles era e é o ambiente de insegurança jurídica e tributária do país, que envolve as empresas brasileiras e os riscos inerentes ao setor financeiro. Tudo isso contribuía para piorar a qualidade do meu sono — e reforçava a decisão de parar o Fator foi a única empresa que nunca me deu nenhum problema fiscal ou tributário, pois era e possivelmente ainda é um dos bancos mais redondos em relação a riscos de balanço.

O caso do Banco Pan, que será relatado em outro capítulo, já tinha acontecido quando saí da presidência — eu só não sabia que em 2018 ele me provocaria uma das situações mais estressantes da minha vida: uma busca e apreensão pela Polícia Federal na minha casa.

PARTE 5

A construção da imagem

O poder da verdade

Eu era jovem, ainda estava no Clássico, atual Ensino Médio, quando tive minha primeira experiência com a imprensa. Eu e uma amiga fomos fotografados para a capa de uma revista evangélica. Após essa aparição, virei vendedor de publicidade da publicação. Os anos passaram e só voltei a ter contato com a mídia quando me tornei diretor financeiro e de relações com investidores da Ericsson. A empresa era de capital aberto, tinha ações negociadas na bolsa de valores e precisava reportar os resultados a cada trimestre. As apresentações para analistas e imprensa eram feitas presencialmente no auditório da empresa. Sem planejar, adotei com o público externo o mesmo estilo transparente de me comunicar que usava internamente. Quando eu podia dar a informação, falava a verdade. Quando eu não podia, dizia que não podia responder. Sempre de forma franca, sem distorcer os fatos. A partir dali, os jornalistas começaram a gostar de mim e estabeleci uma relação com a mídia que perdurou toda a minha carreira.

Muita gente achava que eu saía nos jornais e revistas porque tinha assessoria de imprensa. Eu, pessoalmente, nunca contratei profissionais para cuidar da minha imagem ou me promover junto a jornalistas. Claro, trabalhei em grandes empresas e, com exceção do Fator, que eu precisei montar com a Selma Pantel, todas tinham estrutura de comunicação corporativa. E, como todo presidente, eu tinha o papel institucional de representá-las perante os *stakeholders*, dar satisfação à sociedade e aos acionistas sobre o que estávamos ou não fazendo. A minha diferença em relação a outros executivos é que eu gostava de falar, não me aborrecia, falava com prazer. Alguns jornalistas, ao escreverem perfis sobre mim, já disseram que eu gostava de holofotes. Não posso negar que havia um componente de vaidade nesse processo, mas acho importante esclarecer que essa forma de agir era consistente com a transparência de informações e atitudes que sempre defendi.

Uma das minhas primeiras aparições na grande imprensa foi na *Gazeta Mercantil*, que era o principal jornal de economia, finanças e negócios do país na mesma época em que eu crescia na carreira. Eu me lembro do jornalista que foi fazer a entrevista comigo: era um sujeito mais velho, não se parecia com o perfil de jornalista como eu imaginava que deveria ser. Ele sentou, me olhou e pediu uma caneta e um pedaço de papel. Depois, fez perguntas por cerca de uma hora e meia sobre importação e exportação. Naquela época, havia uma grande discussão sobre a dívida externa brasileira e tínhamos criado na Ericsson alguns instrumentos para facilitar as importações que eram diferentes dos usados pelo mercado. Reparei que ele tomava nota de uma ou outra coisa e que fazia perguntas bem consistentes; via-se que estava bem-preparado, entendia do assunto. No dia seguinte, saiu a matéria. Quando li aquilo, fiquei surpreso porque o texto era maravilhoso.

A reportagem chamou a atenção e comecei a ser procurado por outros jornalistas. Atendia a todos espontaneamente. Nunca me preocupei em administrar esses relacionamentos, apenas ia cultivando, com gentileza e transparência. Quando fui para a Sharp, uma empresa de produtos de eletrônica de consumo que naturalmente tinha grande visibilidade, eu já era bem conhecido e fiquei ainda mais — e esse foi um dos motivos das desavenças que tive com o Sérgio. Acredito que esse tipo de ciúmes se repetiu na Telemar, mas nunca de forma tão evidente quanto na Sharp.

Eu tive o privilégio de a minha carreira ter se desenvolvido junto com o jornalismo econômico no Brasil. Durante os anos de ditadura militar, impossibilitada de fazer a cobertura política devido à censura prévia, a imprensa investiu no noticiário econômico. A revista *Exame*, lançada em 1967 pela Editora Abril, foi o primeiro veículo nacional de economia. A *Gazeta Mercantil*, que até meados dos anos 1970 sobrevivia da publicidade legal, passou a investir em jornalismo e, teve relevância nacional até o começo deste século. Como escreve o jornalista Sidnei Basile, que dirigiu tanto a *Gazeta Mercantil* quanto a *Exame*, no livro *Elementos do jornalismo econômico — a sociedade bem-informada é uma sociedade melhor*, o jornalismo econômico passou a focar "nas competências dos empresários, na maneira peculiar como enfrentavam os desafios para resolvê-los" e, assim, passou a contar "boas histórias de casos que, dependendo das circunstâncias, poderiam ser adaptadas à solução dos problemas de qualquer empresa"[91].

Por uma combinação de fatos, como contei acima, me tornei personagem dessas histórias do jornalismo econômico brasileiro. Talvez eu tenha percebido um pouco antes dos outros que preci-

---

[91] *Elementos do Jornalismo Econômico — A sociedade bem-informada é uma sociedade melhor*, Sidnei Basile, segunda edição, 2012, pg. 85.

sava me comunicar de maneira eficiente com os *stakeholders* das empresas por onde passei. Basile, em seu livro escrito no começo deste século, diz que ainda encontrava empresas que temiam "a comunicação porque, em muitos casos, os valores compartilhados não são os mesmos que os valores em ação. Ou seja, as empresas dizem uma coisa e, na prática, fazem outra. O grande temor é que a comunicação possa mostrar tal falha"[92]. Sempre levei essa coerência muito a sério. A imagem que projetava publicamente era a mesma que os empregados viam no dia a dia de trabalho. Eu sempre fui a mesma pessoa dentro e fora da empresa. A informalidade de transitar pelos corredores de manga de camisa aparece nas fotos de revistas e jornais — salvo aquelas tiradas em eventos, quando o figurino exigia terno e gravata. Essa consistência na mensagem chegava até a equipe, fortalecia a minha liderança interna e projetava a imagem externa.

Outro mandamento que funcionou para mim foi jamais mentir. Agindo assim, ganhei a confiança dos jornalistas. Lembro da época em que fui para o conselho de administração da TIM, em 2008. Por conta do meu passado na Telemar, a imprensa me procurava querendo informações sobre a TIM, mas não me cabia falar pois meu papel era de conselheiro. Então, pedia que procurassem os executivos. No entanto, se queriam falar sobre o mercado de telecomunicações em geral, sem me referir à estratégia de uma empresa em particular, eu falava, dava minha opinião sobre o que acreditava que ia acontecer. Como sempre tive uma visão estratégica aguçada, os jornalistas gostavam.

---

[92] *Elementos do Jornalismo Econômico — A sociedade bem-informada é uma sociedade melhor*, Sidnei Basile, segunda edição, 2012, pg. 58.

Reputação é um processo de longo prazo

Quando fui demitido da Telemar, um dos acionistas deu uma entrevista muito negativa sobre mim a um jornalista da revista *Veja*. O repórter me ligou, contou o que tinha ouvido, mas avisou que não iria publicar porque me conhecia, sabia que eram declarações mentirosas. Essa reputação não se conquista de um dia para o outro. As menções ao meu nome sempre foram positivas? Não, nem sempre. Algumas podem até ser classificadas de maldosas. No começo de 2002, quando já estava há seis meses de sabático, após a demissão da Telemar, um colunista da *Tribuna da Imprensa*, no Rio de Janeiro, publicou o seguinte:

> *"Depois do sequestro de Washington Olivetto e de Sergio Giorgetti, presidente do supermercado Makro, a grande preocupação é com o destino de Manoel Horácio. Deixou a presidência da Telemar, já se passaram meses e ninguém ouve falar nele. Nem se sabe se é sequestro, não pediram resgate."*

Quando você se torna uma figura pública está sujeito a esse tipo de provocação barata e também a problemas mais sérios. Quando estava na Telemar dei uma entrevista afirmando que havia corrupção no sistema Telebrás, algo que se falava publicamente, não era nenhuma novidade. Não nominei ninguém, mas fui acusado de difamação num processo impetrado na Justiça por ex-diretores da Telerj. Uma coisa que aprendi é que jornalista precisa ouvir outras pessoas antes de escrever a reportagem. Quando deixei a Telemar, houve uma profusão de especulações sobre os motivos que me levaram a ser demitido. Alguns jornalistas chegaram perto, outros nem tanto. Muitas reportagens falaram que havia problemas entre eu e os conselheiros, o que era verdade, como já comentei neste livro. O que me interessa colocar aqui é que, embora tenha sido procurado para comentar, eu jamais falei mal dos controladores. Apenas falei que havia sido demitido e estava desempregado, o que era 100% verdade. Primeiro, porque assinei um termo de confidencialidade, que cumpri fielmente. E, segundo, porque, para todo profissional, o risco de ser demitido é inerente a qualquer emprego, seja lá onde for.

O que essa exposição na mídia me trouxe de bom? Eu vou responder: devo a ela a minha carreira. O mercado começou a me enxergar quando comecei a me expor. Eu nunca fui colocado em empresa alguma por headhunter, mas pela exposição que a imprensa me deu. Uma coisa levou a outra, num círculo virtuoso: os cargos me abriram portas na imprensa, que me levaram a cargos mais altos, que me abriram mais portas na imprensa e assim por diante. Isso seria possível no mundo de hoje? Não sei responder pois convivemos com outros tipos de mídia, novas formas de distribuição de informação. Muitos CEOs atualmente usam o LinkedIn como plataforma de divulgação de suas ações, mas acredito que transparência e verdade são valores que não mudam.

Nunca tive assessoria de imprensa própria, mas sempre contei com o apoio dos profissionais de comunicação das empresas em que trabalhei. Eles gostavam de mim porque eu estava disponível para ser fonte para os jornalistas que os procuravam. A Selma Pantel, que foi diretora da área no Fator, diz que eu era "leve no trato, agradável e gentil" e, por isso, os jornalistas queriam falar comigo. Eu e a Selma formamos uma boa dupla porque ela era o tipo de assessora que não tinha medo da imprensa, abria as portas, atuava como facilitadora. Ela teve participação fundamental num dos anúncios mais importantes da minha gestão à frente do Fator, quando entramos no mercado segurador em 2008. Já tínhamos a corretora de valores (vendida ao BTG em 2021), o banco múltiplo e a gestora de recursos de terceiros. Com a Fator Seguros queríamos aproveitar novas oportunidades de sinergia. Para entrar nesse mercado, decidimos por um atalho: comprar o que havia restado da americana Cigna, que havia deixado o país anos antes, mas mantinha uma estrutura pronta para operar. A negociação durou uns quatro meses. Quando fechamos o negócio, a Selma montou um plano de divulgação em várias etapas. Para começar, falamos em primeira mão com o jornalista Felipe Patury, que na época era da revista *Veja*, amigo da Selma e que eu já conhecia de outras entrevistas. "Fator compra seguradora por um dólar" foi o título da notícia publicada alguns dias depois do nosso almoço. Isso provocou o interesse de outros jornalistas, rendendo dezenas de entrevistas. De todos os negócios que fiz no Fator, aquele foi mais um dos que renderam bons lucros e sua divulgação é um caso bem-sucedido de integração entre o CEO e o profissional de comunicação.

Em outra ocasião, a Selma me ajudou a enfrentar uma crise que podia manchar o meu nome. Em 2009, eu e o Venilton Tadini, que anos depois me sucederia na presidência do banco, assinamos um contrato com a Caixa Participações, subsidiária da Caixa, para avaliar o banco Panamericano (hoje, Banco Pan). No jargão do setor, fizemos uma avaliação para uma operação de M&A usando um *data room* exclusivo para acesso às informações oficiais de balanço. Para a análise da consistência dos dados, contratamos uma das *big four* do mercado de auditoria. Com os números atestados, fizemos a avaliação do banco (outras duas instituições especializadas fizeram o mesmo trabalho de avaliação) e chegamos a um valor. Vale ainda frisar que sendo o Pan Americano uma empresa de capital aberto e a operação sigilosa, estávamos restritos aos dados gerados pelo banco, que por sua vez, eram também auditados por outra *big four* contratada pelo Pan. Não nos era permitido fazer nenhuma circularização (confirmação externa) com credores para checar os créditos do banco; estávamos restritos ao ambiente digital fornecido pelo Pan. Alguns meses depois de concluída a sua compra pela Caixa Econômica, o Banco Central encontrou uma fraude no balanço. Precisamos lembrar que o BC era a única instituição a ter acesso ao cruzamento de créditos e débitos entre o Pan e outros bancos. Para evitar a liquidação, o Pan foi socorrido pelo Fundo Garantidor de Crédito e seus executivos foram acusados de fraude contábil. Quem pagou a conta foi o sistema bancário.

Como o Fator havia feito a avaliação, eu e o Tadini passamos a ser investigados por fraude, sob a acusação de que a Caixa tinha comprado um "banco podre" acreditando na nossa informação. Executivos da Deloitte e da KPMG, responsáveis pela auditoria, também foram arrolados. Vou falar sobre as consequências desse caso mais à frente, quando tratar de insegurança jurídica. O que importa aqui é como lidamos com a imprensa naquela crise, que foi um momento muito duro para o banco e para mim, embora o Fator não tenha sido incluído na investigação da Polícia Federal. Pela primeira vez, meu nome estava sendo associado a uma fraude. Não foi fácil ter a imprensa inteira me procurando para saber o que tinha acontecido. Eu falava para a Selma: vamos falar, não fizemos nada errado, mas ela me protegeu o quanto pôde, colocando o executivo responsável pela área que realizou o trabalho para atender os jornalistas. O fato é que os dados colocados no *data room* eram fraudados, mas não tínhamos como saber pois eram balanços auditados, oficiais. Em situações bem específicas, atendi alguns jornalistas, que já me conheciam, sempre conversando com a Selma antes.

A gestão da crise foi feita pela Selma, sem ajuda externa, mas teve que se dedicar exclusivamente ao assunto por cerca de dois meses. Ela, claro, tinha uma responsabilidade institucional com a imagem do banco e eu procurei apoiá-la no que foi possível. Recentemente, lembrando do caso, a Selma disse que a minha imagem no mercado ajudou a resolver a crise, mas para ela o que fez diferença mesmo foi que me mantive calmo, não perdi o controle. Segundo ela, isso tem a ver com autoestima, pois eu não teria necessidade de pisar em ninguém para superar o problema. Talvez ela tenha razão, mas acho também que eu tinha a consciência tranquila de que não havíamos feito nada errado e isso é importante em qualquer crise. O caso do banco Pan não acabou ali e ainda me causaria muita dor de cabeça no futuro, como vou contar mais adiante, mas superamos aquele momento sem danos permanentes à imagem do banco e à minha. Tenho certeza que isso se deve muito à reputação que construí ao longo da carreira.

Um fato curioso é que, conforme me tornava um nome conhecido, comecei a aparecer também em outras editorias dos jornais além das páginas de economia e negócios. Os jornalistas começaram a pedir avaliações sobre a situação do país, como aconteceu numa reportagem de 2006 da *Gazeta Mercantil*, às vésperas da reeleição do ex-presidente Lula, para a qual fui consultado, junto com outros executivos e consultores, sobre um eventual acordo nacional para uma "agenda desenvolvimentista" para o Brasil:

> *"O presidente do Banco Fator concorda com a ideia de que a sociedade brasileira não pode continuar se omitindo desse debate. 'Se as forças econômicas e sociais forçarem os governos e o Congresso a andar nessa direção, os políticos e partidos terão de elaborar e implementar um plano de governo, uma agenda mínima de reformas', sublinha Manoel Horácio. Ele acredita, entretanto, que os empresários não ficarão eternamente aguardando o aperfeiçoamento do arcabouço legal para ampliar seus investimentos no Brasil. 'Embora as bases para o crescimento sustentado não estejam plantadas, passou o medo sobre o governo petista e as empresas sabem que perderão espaço no mercado caso fiquem eternamente aguardando as condições ideais', argumenta o executivo.[93]"*

---

[93] Liliana Lavoratti, *Gazeta Mercantil*, 15 a 17/09/2006.

Quando você constrói uma imagem de confiança, sólida, e atua em setores importantes para o país, precisa estar preparado para a exposição. É um caminho natural.

Passado incerto

Era 19 de abril de 2017, por volta das 6h30 da manhã. Eu já tinha levantado, feito o meu café e estava lendo o jornal. Estranhamente, a campainha tocou. No interfone, perguntei quem era. "Polícia Federal", responderam. Cinco policiais estavam no portão da minha casa, armados de metralhadoras, com um mandado de busca e apreensão. Já fazia alguns anos que assistíamos pelo noticiário a esse tipo de operação por causa da Lava-Jato. Nunca imaginei que um dia seria alvo de uma delas. Batizada de Conclave, a operação autorizada pelo juiz Vallisney de Souza Oliveira, da 10ª Vara Federal de Brasília, envolvia 42 pessoas e empresas e tinha o objetivo de colher provas para o processo que investigava a compra de participação acionária da CaixaPar no Banco Panamericano. Como comentei no capítulo anterior, eu assinei o contrato em que o Fator se comprometeu a fazer a *due dilligence* e a avaliação do Pan para a Caixa. Em 2009, seguindo a nossa e mais duas avaliações independentes, a Caixa comprou 49% do capital votante do Pan por R$ 739,2 milhões.

Em sua decisão, o juiz escreveu que "menos de um ano após a concretização do negócio pela CaixaPar, o BC revelou uma série de erros contábeis nos balanços do banco Panamericano, entre os quais a que o referido banco teria realizado a venda de um grande volume de carteiras de crédito a outras instituições sem dar a devida baixa nos ativos, servindo tais créditos fictícios para inflar os resultados da instituição financeira, dando a impressão de estabilidade a um banco de há muito falido". Entre os alvos do juiz Vallisney também estavam André Esteves, do BTG Pactual, Henrique Abravanel, irmão de Silvio Santos, ex-conselheiro do PAN, e Maria Fernanda Coelho, que era presidente da Caixa. Pelo Fator, eu e o Venilton Tadini, que assinou o contrato comigo.

Os policiais, sempre muito educados, cumpriram ordem de busca e apreensão na minha casa. Não havia pedido de prisão. Antes de começar os trabalhos, recrutaram duas testemunhas na rua para acompanhar tudo. Vasculharam os cômodos em busca de provas: abriram gavetas, pastas, armários. A delegada quis saber quem era a autora dos quadros que temos nas paredes, acho que procurando detectar lavagem de dinheiro. São todos da minha filha, Anacelia, informei. Confiscaram celulares e o iPad e fizeram cópia do HD do computador. Duas horas e meia depois, eles sentaram para fazer o relatório e eu até ofereci café. Embora a "visita" tenha sido tranquila, toda a situação foi humilhante.

No dia seguinte, meu nome voltou ao noticiário na lista dos 42 investigados, que tiveram sigilos bancário e fiscal quebrados. O juiz escreveu na sentença que as investigações tinham chegado a três núcleos de irregularidades: o de agentes públicos, responsáveis por assinar pareceres e contratos; o de consultorias contratadas para dar legitimidade ao negócio; e o de empresários que conheciam a situação das empresas. Eu e o Venilton fomos incluídos no grupo das consultorias, mas nunca nos perguntaram como o trabalho foi feito, qual tinha sido o nosso envolvimento pessoal na *due diligence*. A avaliação feita pelos especialistas do Fator usou dados auditados inseridos no *data room* (sala digital), criado pelo PAN especificamente para isso. E, diante daqueles números, como atestou a auditoria da KPMG, contratada por nós, o balanço era perfeito. Só as pessoas credenciadas tinham acesso ao *data room*. Eu não podia entrar lá e nunca tive reunião com pessoas do Panamericano. Apenas assinei um contrato, que era um dever de ofício.

Contratei uma advogada para me defender e insisti para ser ouvido pela Polícia Federal. Um ano depois, o depoimento foi marcado. A delegada me interrogou por duas horas e ao final disse: "Você vai sair disso, não tem nada a ver com a fraude". Só então, recebi uma declaração de "saneamento da investigação" confirmando que meu nome havia sido retirado do inquérito. O Tadini foi liberado um pouco depois. Aqui vai uma crítica à imprensa, que deu plena divulgação à operação da PF, mas zero sobre a divulgação do saneamento.

O estrago, no entanto, já estava feito. Vou dar apenas dois exemplos dos prejuízos causados por aquela decisão judicial que me tornou um investigado na Operação Conclave. O primeiro foi o banco Credit Suisse, que encerrou minha conta sob alegação de que eu havia me tornado um risco. E, na mesma época, o Bradesco demorou um ano para transferir uma conta do Prime que eu tinha há 40 anos no Centro de São Paulo para uma agência mais perto de casa. Nunca disseram qual era o motivo, mas sei que estava relacionado.

Depois de tudo o que eu fiz na vida, nunca pensei passar por isso no final da carreira. Foi deprimente ter que me explicar para os vizinhos, parentes, amigos e para os meus filhos. Aquele momento crítico na minha vida foi causado pela insegurança jurídica que os executivos experimentam no Brasil. Até hoje eu preciso me defender em ações que nada têm a ver com decisões que eu tomei pelos cargos por onde passei. Deixei a função executiva há quase uma década, já respondi a 37 processos e, por incrível que pareça, ainda me defendo de uma ação trabalhista aberta em 2001, quatro anos após a minha saída da Sharp. Alguns dos processos são relacionados a fatos ocorridos em datas em que eu nem estava nos empregos. Vou citar apenas dois:

1. Ficap — Além de uns três ou quatro tributários, fui arrolado pelo Ministério Público num processo que acusou a mim e a todo o conselho de falência fraudulenta. Eu saí da Ficap em 1995 e a empresa tinha caixa sobrando. Treze anos depois e após a operação ter sido vendida para duas multinacionais, sobrou um pequeno passivo no CNPJ original — e deixaram a empresa quebrar. O MP achou que eu participei de uma tramoia para que isso acontecesse — 13 anos antes[94]. Consegui me livrar do processo, mas depois de dois anos e muita dor de cabeça.

2. Sharp — Eu e o Francisco Prieto fomos arrolados num processo que nada tinha a ver com o período em que trabalhamos lá. Este estava relacionado a um sistema de vendas pré-programadas, similar a um consórcio, em que a empresa vendia o produto para pagamento em 24

---

[94] Importante explicar que a Ficap que deixei em 1995 foi cindida alguns anos depois, quando foi vendida para uma empresa chilena. Mas restou no antigo CNPJ uma pequena dívida que nunca foi liquidada pelo antigo controlador da empresa, levando a sua falência em 2013.

vezes — e entregava apenas no final. Era uma antecipação de receita. Quando saí, em abril de 1997, o volume de vendas pré-programadas estava em 7 milhões de dólares. Depois, esse canal de vendas foi acelerado, atingindo 80 milhões de dólares. Mas com os problemas de caixa criados por má-gestão, a empresa não conseguiu entregar os produtos. O Ministério Público abriu processo, precisei depor na Polícia Federal. Mais uma vez, perdi tempo e dinheiro para me defender de algo que não me dizia respeito. Ao todo tive que me defender em 17 processos originados na Sharp. E eles ainda me perseguem: recentemente, em 2021, tive as contas bloqueadas por mais um processo trabalhista de 2001 — lembrando que me desliguei da Sharp em abril de 1997.

Eu costumo brincar que alguém poderia fazer um serviço de utilidade pública criando um aplicativo onde constassem os nomes e os períodos em que os executivos trabalharam nas empresas. Assim, juízes e promotores poderiam pesquisar antes de incluir um ou outro nos processos. Isso reduziria a fabulosa insegurança que vivemos. Veja o caso da Telemar: só em relação ao Ceará tive de prestar declaração através de precatórios na polícia civil mais de uma vez sobre ações de cobrança de ICMS que a empresa recorre em função de acreditar que o imposto não é devido. O pior de tudo é que o oficial de Justiça, quando vem trazer a citação, para na minha porta com um camburão da polícia. Os fatos geradores de questionamentos de tributos aconteceram seis anos após minha saída da empresa.

Insegurança jurídica

Ainda hoje, não vejo como os executivos podem se proteger integralmente, já que não temos tido avanços nos códigos e regras tributárias e trabalhistas. Continuamos nas mãos de fiscais que interpretam regras tributárias de acordo com suas cabeças e juízes que não analisam adequadamente defesas claras e objetivas em relação ao período temporal em que o executivo desempenha a sua gestão. A única forma é com a contratação de seguro de responsabilidade civil, que é um subterfúgio, não é uma solução para a insegurança jurídica. Tive no Fator e, agora, no conselho da Tempest. O seguro garante que, se bloquearem suas contas, você consegue continuar vivendo e cobrir as despesas da defesa, mas não para fraudes. Quem entra atualmente num conselho de administração sem esse seguro está correndo um risco enorme. O problema não é apenas o processo e um eventual bloqueio das contas, mas também o desgaste que provoca.

Em longo prazo, sempre consegui provar que não devia nada, mas já tinha perdido tempo e dinheiro. Se o processo é derivado de uma empresa que existe, está funcionando direitinho, ela fará a sua defesa. No caso da Sharp, que quebrou seis anos depois que eu saí, quem vai pagar meu advogado, minha defesa? Um dos processos, que bloqueou as minhas contas por um ano, refere-se à cobrança de IPI de uma importação realizada em

1992 — três anos antes de eu ir trabalhar com os Machline. Há um problema adicional com empresas falidas, como a Sharp: é difícil conseguir informações para me defender. Tem que pedir na massa falida e depender da boa vontade de alguém. Os mais chatos são os processos trabalhistas. Ainda na Sharp estou arrolado numa ação iniciada em 2001 de um ex-funcionário contra 39 profissionais que passaram pela empresa — incluindo os herdeiros da família Machline e ex-membros do conselho de administração. O empregado poderia inscrever seu crédito na massa falida, que tem dinheiro em caixa, mas recusou: mante o processo contra os executivos por mais de 20 anos e milhares de páginas. No final de 2022, finalmente, obtivemos uma decisão favorável na 34ª vara do Trabalho de São Paulo.

Incertezas

O ex-ministro Pedro Malan, acho que a frase é dele, diz que "no Brasil o passado é mais incerto que o futuro". Concordo com ele. Quando ainda estava no Fator, fiz uma palestra intitulada "Brasil, perspectivas e o cidadão brasileiro", na qual elenquei os problemas que eu considerava ainda sem solução no país. Entre eles, estavam a fragilidade do sistema educacional, o tamanho do Estado e o excesso de leis associado à falta de punição. Na minha fala, defendi as reformas política, tributária, previdenciária e judicial. Para esta última, elenquei três ações que considerei necessárias:

1. Código processual
2. Simplificação das leis
3. Limpeza da estrutura do Judiciário

Nada foi feito em relação a isso até agora. E a insegurança jurídica dos executivos não é, igualmente, um tema novo. Escrevi sobre ele na minha coluna de 13 de novembro de 2007 na *Gazeta Mercantil*. Na ocasião, concordei que havia avanços no nosso Judiciário — como a súmula vinculante, adotada no ano anterior —, mas ressaltei que existiam naquela época — hoje, deve ser muito mais — milhares de processos de execução de dívida fiscal contra administradores e executivos de empresas brasileiras "que apenas entulham a Justiça, sem que haja reconhecidamente responsabilidade destes pelo motivo da autuação. Na falta de pagamento pelas empresas de tributos ou benefícios trabalhistas, justificados ou não, as autoridades fiscais, estaduais, federais e municipais listam os administradores dos últimos dez anos, executando-os pela falta de recolhimentos".

Como é possível responsabilizar alguém sem que ele/ela sequer trabalhasse naquela empresa no momento do eventual ato ilícito? Mencionei também no artigo algo que continua sendo praticado até hoje, como mostrei nos relatos acima: o Judiciário brasileiro estava desvirtuando a penhora on-line nos casos em que trata de bloqueio de conta dos executivos. O que era para ser um instrumento para dar maior celeridade e segurança jurídica nos processos de execução, passou a ser usado de forma precipitada. "Fato é que está cada vez mais difícil ser administrador de empresas neste país; tendo em vista as regras — ou a falta delas — que não punem apenas fraudes ou gestão desonesta, mas responsabilizam os administradores por quaisquer acidentes econômicos sofridos pelas empresas", escrevi em 2007.

O nosso risco aumenta porque o Judiciário não analisa o período em que fomos gestores, isto é, não é verificado se o fato gerador ocorreu durante o período em que estávamos lá. E, para complicar, só somos citados quando o processo se encontra em fase de execução — o que prejudica deveras nosso direito de defesa. Diversas vezes fui surpreendido por bloqueios automáticos de conta bancária ou conta de investimento. Mesmo quando provada a não responsabilidade pela infração — usando as atas societárias, por exemplo — os juízes de primeira instância muitas vezes recusam-se a liberar o executivo que nada tem a ver com o período do fato gerador. O resultado são processos que sobrecarregam as instâncias superiores com defesas objetivas e autoprovadas. Como mencionei acima, ao brincar sobre o aplicativo, a simples verificação dos nomes dos administradores responsáveis pelo período em que se cometeu o eventual ilícito evitaria um enorme desperdício de tempo e custos para os dois lados, tanto à Justiça quanto aos executivos.

A Justiça pode, e deve, ser uma das instituições que promovam a mudança de valores neste país. Certamente é um dos caminhos que, aliados a maiores investimentos em educação, poderão mudar o padrão social e o posicionamento do Brasil no concerto mundial. Alguns passos importantes foram dados. Cabe a nós exercitar nossos direitos como cidadão, para acelerar a transformação da nossa sociedade.

Dilemas de conselheiro

A Gradiente foi uma das mais importantes indústrias de eletroeletrônicos do Brasil. Conheci o Eugênio Staub, fundador e principal acionista, quando era diretor financeiro da Ericsson do Brasil, em meados dos anos 1980. A Ericsson tinha um plano antigo de ter uma unidade em Manaus e eu fiz a negociação para a compra da Indústria Amazonense de Telefones, que pertencia à Gradiente. Nosso objetivo era melhorar a competitividade no mercado interno usando as leis de incentivo da Zona Franca. Na década seguinte, quando estive na Sharp, éramos concorrentes e nos encontrávamos nos fóruns do setor; sempre nos demos bem. Os anos se passaram e, durante o meu sabático após deixar a Telemar, ele me convidou para entrar no conselho de administração da Gradiente. Eu disse que iria sob a condição de "dar uma olhada" na empresa antes. Staub me abriu as portas para conversar com executivos e funcionários. Em 25 de julho de 2002, após minha sondagem, enviei um relatório com a minha análise. Aqui, um resumo das minhas conclusões:

- Após ouvir todos os principais executivos, que é um processo que costumo fazer para entender onde o conselho precisa agir, conclui que a Gradiente tinha dentro de casa todos os recursos para fazer sua transformação.

Eu disse para o Eugênio que, portanto, ele não precisava contratar consultorias externas para realizar a reestruturação necessária.

- Avaliei que a globalização estava forçando as empresas a buscarem o aumento de eficiência e consequente redução de custos. Sem isso, elas corriam o risco de serem alijadas do mercado por falta de competitividade. Sugeri ao Eugênio um plano imediato de redução de custos. Depois, partiríamos para a definição da estratégia, produtos e mercados.

- Recomendei ainda a definição de um modelo de gestão que assegurasse velocidade decisória, responsabilidade por resultado e uma cultura de *empowerment* para todos os níveis da empresa. Defendi a simplificação da estrutura. Todo o controle administrativo, contábil e financeiro deveriam estar concentrados num centro de serviços compartilhados regidos por um caixa único. A estrutura societária também devia ser simplificada, evitando custos com burocracia interna e societária.

- Na produção, recomendei que as fábricas deveriam ter objetivo de rentabilidade zero para clientes internos e rentabilidade apenas marginal com terceiros. Elas não deveriam se transformar em repassadoras de custos, mas buscar eficiência e produtividade. Em tese, as unidades de negócio teriam a possibilidade de procurar fontes alternativas de produção.

- A percepção tirada das entrevistas é que a gestão era baseada na força e nos orçamentos que vinham de cima. Não senti o corpo gerencial engajado, pois não havia participado da tomada de decisão. Por isso, como as metas de crescimento eram ousadas — e eles não foram envolvidos na definição — tinham sempre muitas desculpas para os resultados ruins. A maior culpa atribuída era à presidência. Para a transformação da companhia, disse ao Eugênio que era necessária a implementação de uma cultura de resultados com níveis de responsabilidade bem definidos.

Trinta e quatro dias depois que enviei o meu relatório, os jornais anunciaram que "Gradiente se reestrutura e corta unidades"[95]. Segundo a *Folha de S. Paulo*, "três anos após ter criado seis diferentes unidades de negócios, para administrar os diferentes produtos da marca, a Gradiente se reestrutura mais uma vez e decide centralizar seus negócios em poucos departamentos. A partir de agora, a empresa terá apenas três unidades — a Gradiente Multimídia, a Gradiente Telecomunicações e a Gradiente Segurança-, que reunirão todas as operações do grupo. Para isso, ela cortou pessoal do alto escalão e de outras áreas, no total de 61 pessoas". Aparentemente, o Staub e os outros membros do conselho estavam de acordo com as mudanças necessárias e, assim, aceitei ocupar uma cadeira de conselheiro da Gradiente, onde fiquei por dois mandatos incompletos.

Na convivência com o Staub e o conselho, descobri que as ações efetivas se restringiriam à reorganização das unidades de negócios. Passaram longe do modelo de gestão que daria mais velocidade nas decisões, compartilhamento de responsabilidades e mais participação de todos os níveis na elaboração da estratégia.

---

[95] Adriana Mattos, *Folha de S. Paulo*, 31/08/2002. Disponível em: https://www1.folha.uol.com.br/fsp/dinheiro/fi3008200223.htm.

A Gradiente tinha um conselho experiente, mas o controlador, com sua personalidade forte, tomava suas próprias decisões. Um exemplo marcante foi a compra da marca e dos ativos da Philco, que pertenciam ao Grupo Itaú[96], em 2005. Eu estava de férias, não participei da reunião que aprovou o negócio, mas já havia me posicionado contra. A Gradiente sofria com a falta de capital de giro e com o alto endividamento. A aquisição deteriorou ainda mais a situação. Como eu não estava na reunião, provavelmente, o Staub convenceu o conselho, defendendo a oportunidade, sem abordar os problemas de caixa. Eu entendo: o Staub é uma pessoa muito agradável e sedutora.

A nota oficial divulgada ao mercado dizia: "A concretização da compra da Philco vai representar um significativo ganho de sinergia e participação de mercado para a Gradiente, que com a transação manterá o foco de seus negócios nos mercados de eletrônica de consumo e de telefonia". Aquela decisão foi o limite para mim e pedi para deixar o conselho no começo de 2006, antes de completar o segundo mandato como conselheiro. Dois anos depois, a Gradiente vendeu a marca Philco — pela metade do que havia pago[97] com grande prejuízo. Logo em seguida, pela primeira vez desde 1964, data da fundação, Staub deixou a presidência executiva numa tentativa de salvar o que ainda sobrava da companhia. Era tarde demais e a empresa viveu entre trancos e barrancos até 2018, quando entrou em recuperação judicial.

---

[96] Adriana Mattos, *Folha de S. Paulo*, 10/08/2005. Disponível em: https://www1.folha.uol.com.br/fsp/dinheiro/fi1008200515.htm.

[97] *Folha de S. Paulo*, 31/08/2007. Disponível em: https://www1.folha.uol.com.br/fsp/dinheiro/fi3108200726.htm.

Empresa de dono

Estou contando essa história para exemplificar como é difícil a governança numa empresa de dono, como era a Gradiente. O papel do conselheiro pode ser figurativo quando o controlador é muito forte. Em 2013, quando fui homenageado pelo Conselho Regional de Administração de São Paulo, falei sobre isso a uma repórter da Revista *Administrador Profissional*[98]:

> — *Com base na sua longa experiência em conselhos de administração, o sr. acha que as questões relacionadas à governança corporativa têm evoluído no Brasil?*
>
> — *Tais questões têm evoluído por força regulatória e do mercado. Um controlador forte não gosta de ver tanta transparência. Poder é poder e, se sou o maior, quem define as regras sou eu. Mas há o domínio do mercado e uma percepção de valor das organizações com governança e transparência. Portanto, as empresas que querem entrar no mercado precisam realmente ter uma gestão transparente e uma governança em que os minoritários participem da gestão e dividam o poder.*

---

[98] Loraine Calza, 05/2013. Disponível em: https://www.crasp.gov.br/crasp/conteudo/old/RAP%20323%20WEB.pdf.

A governança corporativa evoluiu bastante nos últimos anos, mas nas empresas de capital fechado, a voz do dono ainda é a mais alta. Os conselheiros podem ajudar a mudar a cabeça do acionista, mas é frustrante quando se está sentado no *board*, com uma visão diferente, sem poder agir. Quando fui conselheiro na Gradiente, eu já tinha tido experiência dos dois lados do balcão. Nos tempos da Vale, eu era presidente da divisão de Celulose e acumulava os conselhos da Caraíba de Metais, e Docenave, além da vice-presidência do conselho da Bahia Sul. Também fui dos conselhos da CSN e da Sadia. Neste último, eu representava um grupo de acionistas dissidentes que reclamava dos baixos dividendos e da desvalorização do patrimônio, pois a empresa tinha perdido metade de seu valor de mercado em cinco anos. Os minoritários se queixavam de supostas dificuldades criadas pelo conselho de administração para vender sua participação[99] acionária a me colocaram lá para ajudar no processo. Do outro lado da mesa estavam, entre outros, Luiz Furlan, o *chairman* (presidente do conselho de administração), e Walter Fontana, presidente executivo. Não conheço o desfecho do caso pois pedi demissão quando entrei na Vale. Mas também acho que não seria indicado novamente, pois os dissidentes queriam mais oposição aos controladores e eu me preocupei em ver o que era melhor para a empresa, não para um grupo específico de acionistas.

Exceto nas *corporation* — empresas que têm o capital extremamente pulverizado — sempre haverá o controlador controlando o conselho. Se ele não quer, ele não faz. Ao conselheiro,

---

[99] José Roberto Caetano, *Exame*, 2/12/1998.

restam duas saídas: engolir ou sair. Mesmo em empresas que parecem ter governança corporativa, há um controlador que indica um certo número de conselheiros e, assim, pode dar as cartas. Vemos isso acontecer com frequência com a Petrobrás. Outro problema que eu vejo são os comitês, como os de remuneração, auditoria, financeiro e pessoas, mecanismo que deveria ser de assessoramento, mas vira de execução. É um grande risco, pois os conselheiros acabam participando diretamente da operação uma vez que nem sempre suas decisões são contestadas pelos executivos. É importante formar os comitês, mas deixar claro que eles têm a função de suporte às decisões dos executivos nas diversas áreas da empresa. Os conselheiros participam de comitês conforme sua competência específica, mas a responsabilidade pela execução será sempre do executivo.

Quando estava na Vale, havia um outro problema: os acionistas eram também os conselheiros. Além deles disputarem entre eles cada centímetro de poder, também queriam ter controle absoluto sobre a operação. Eu era presidente de uma divisão que faturava alguns milhões, mas tinha uma autonomia de decisão muito baixa. Qualquer valor acima da minha alçada, precisava ser levado para o conselho. Devido a essa centralização absurda, os projetos não andavam. E, como eles brigavam, as aprovações ficavam sujeitas aos humores e conchavos dos acionistas. Era uma loucura passar por aquele conselho e isso desanimava a mim e à equipe.

Vejo alguns outros problemas para a implementação de padrões de governança adequados nas empresas brasileiras. O primeiro deles é a cultura empresarial, como vimos no caso da Gradiente. Outra dificuldade são divergências de grupos de controle sobre as prioridades de curto e de longo prazos. Já contei aqui o caso da Telemar, na qual os acionistas colocaram seus interesses de curto prazo — receber mais dividendos — à frente dos interesses sustentáveis da companhia — fazer investimentos. O terceiro problema reside na escolha dos participantes do conselho, que muitas vezes é feita sem critérios: o controlador chama seus amigos ou profissionais sem a experiência necessária para fazer contribuições estratégicas. Há ainda os conselheiros que apenas participam das reuniões, com pouco envolvimento nos problemas reais da empresa. Outras duas dificuldades são a falta de transparência e as reuniões nas quais se gasta mais tempo "enterrando os mortos" que criando a visão e estratégias para o futuro.

Processo político de poder

É preciso distinguir também se a empresa é de capital fechado ou aberto. No primeiro tipo, provavelmente, a maioria dos conselheiros foi escolhida pelo dono. Em geral são os puxa-sacos do controlador, no máximo *advisors*: dão conselhos, mas não têm autoridade porque o controlador acaba fazendo o que quer. Numa empresa de capital aberto é diferente porque existem a CVM (Comissão de Valores Mobiliários), os conselheiros independentes e os demais acionistas. Os minoritários são capazes de fazer muito barulho quando discordam de alguma decisão e os conselheiros independentes podem acionar a CVM se o controlador tomar decisões sem validação do conselho. Uma boa notícia é que muitos conselhos de grandes empresas hoje preenchem suas vagas a partir de buscas feitas por headhunters, tornando o processo profissional.

Mesmo em conselhos de empresas de dono — quase todas por onde passei —, sempre tentei manter a independência. A postura de conselheiro é a mesma que adotei quando era CEO. Quando eu acreditava numa coisa e o controlador em outra, tentava escutar o colegiado, procurava me convencer de decisões diferentes da minha visão. Muitas vezes, porém, coloquei o cargo à disposição. Minha posição foi sempre de ajudar a gerir a empresa para 100% dos acionistas. Mas sabia que não era dono das decisões ou da verdade: quando a divergência persistia, chegava e falava: "A cadeira é sua, me manda embora. Eu estou aqui gerindo a companhia para 100% dos acionistas, mas a cadeira é sua". Nessa vida de conselheiro, amadureci muito a ideia que desenvolvi como executivo de que as pessoas não têm que se adaptar à minha forma de ver o mundo. Se os executivos estão tomando decisões que dão certo para a empresa, embora eu discorde delas, vou apoiá-los. Não quero ser como o português que entrou na contramão na Av. Paulista e escutou no rádio: "Tem um louco na contramão". Ele vira para a mulher ao seu lado e diz: "Não é um louco só, tem um montão de loucos na contramão".

O conselho de administração é responsável pela definição dos objetivos estratégicos, definição das responsabilidades, poder e delegação, monitoramento da gestão e avaliação do desempenho dos executivos, garantindo que a gestão adicione valor ao acionista. Governança é um processo político de poder, capaz de gerir, com equilíbrio, a satisfação dos acionistas, empregados, comunidade e governo. Requer um modelo de gestão que reflita competência e transparência em todas as ações dos administradores da empresa, respeitando o meio ambiente e a sociedade em geral. No final das contas, um bom processo de governança vai assegurar a sustentabilidade do negócio a longo prazo. O conselho, os comitês de assessoramento e o corpo executivo são partes integrantes da boa governança.

Um papel importante nesse processo é o do presidente do conselho. Cabe a ele definir as prioridades da empresa, escutando o principal executivo e a diretoria, estabelecer a agenda e disciplinar o ritmo da reunião e promover e direcionar a discussão estratégica dos negócios. Em 2018, a revista *Harvard*

Business Review publicou o artigo *"How to be a good board chair"*[100] (em português, Como ser um bom presidente de conselho) e, alertava no subtítulo: *"The key is to remember you're not the CEO"* (O segredo é lembrar que você não é o CEO). Eu fui presidente dos conselhos e entendo bem o que a HBS quis dizer com esse alerta. Às vezes é muito difícil desapegar do papel de CEO porque, afinal, foi a experiência como líder de empresa que nos trouxe até o conselho. O problema é que as competências e habilidades pessoais exigidas são diferentes.

O CEO é o rosto público da empresa e precisa ter excelentes habilidades de comunicação para compartilhar sua visão com funcionários, acionistas, conselho e outros *stakeholders*. O ocupante desse cargo elabora os objetivos estratégicos para o conselho avaliar e votar. Como já comentado, o *chairman* frequentemente mantém contato com o CEO, seja para revisar comunicados públicos ou reunir-se com órgãos reguladores, mas precisa lembrar que está ali como representante do conselho. Em outras palavras, o chefe do CEO é o *board*, não o *chairman of the board*.

Eu fiquei um mandato como *chairman* da TIM e passei por uma situação em que precisei mesclar os dois papéis. Eu já era membro do conselho da empresa italiana há algum tempo quando fui eleito o *chairman* em 2010. Naquele ano, a TIM teve lucro líquido de 2,2 bilhões de reais (valores da época) e estava crescendo, investindo e gerando caixa. O CEO era Luca Luciani, um italiano que vinha fazendo um trabalho muito eficiente de reengenharia, e que também era membro

---

[100] Stanislaw Shekshnia, *HBR*, 04/04/2018. Disponível em: https://hbr.org/2018/03/how-to-be-a-good-board-chair.

do conselho, ao lado do ex-ministro Maílson da Nóbrega e do economista Andrea Calabi, entre outros. Luciani foi diretor de marketing da matriz entre 2006 e 2008 e fatos daquela época provocaram o seu pedido de demissão em maio de 2012 aqui no Brasil. Ele e outros executivos estavam sendo investigados pelo Ministério Público italiano. O conselho indicou para substituí-lo o Andrea Mangoni, que era conselheiro, mas morava em Roma. Enquanto Mangoni fazia sua mudança para o Brasil — ele só assumiu em agosto —, a operadora ficou sem um CEO para tocar o dia a dia e, mais grave, para administrar uma das piores crises da sua história, iniciada dias após a renúncia de Luciani.

O Mario Girasole, que era vice-presidente de assuntos regulatórios — atualmente, ele lidera também as áreas de relações institucionais e comunicação corporativa —, diz que já tinha tido algum contato comigo em anos anteriores, mas que nos aproximamos mesmo quando a Anatel suspendeu nossas vendas de chips em 19 estados devido aos altos índices de reclamações dos consumidores, no dia 23 de julho de 2012. A TIM não foi a única punida, mas foi a mais afetada: a Oi foi proibida em cinco estados e a Claro, em três. Como a crise envolvia questões regulatórias, eu e o Mario passamos a conversar muito. Ele conta que se surpreendeu pelo fato de que eu tenha assumido a gestão da crise mesmo não sendo CEO da companhia. Eu de fato vesti a camisa da empresa no momento em que senti que ela precisava de mim. Dei minha cara para bater. Literalmente. Na noite de quarta-feira, 25, em horário nobre da Rede Globo, apareci num comercial de 30 segundos, defendendo a companhia. No texto, eu dizia que a TIM "sempre trabalhou para cumprir os critérios de qualidade" e reforçava o compromisso em continuar ajudando o Brasil a se comunicar mais e melhor[101].

O meu objetivo ao ir para a televisão foi tranquilizar todo mundo. Era uma crise que já vinha de longe, mas que não tinha sido adequadamente administrada. Quando ela estourou, eu não precisava assumir, podia delegar. No entanto, passei a trabalhar junto com os executivos, buscando soluções. E me aproximei bastante do Girasole, que era um jovem executivo italiano, com uma visão muito estratégica. Ele conta que, naquele momento, a minha presença conseguiu deixar as pessoas mais tranquilas para seguir trabalhando. Acredito que a experiência em outras crises tenha me ajudado a manter a calma, pois eu já sabia que iríamos superá-la, como de fato aconteceu. Quando tínhamos a crise sob controle, saí da cena completamente, voltando à posição de presidente do conselho. Formalmente, em nenhum momento assumi a gestão da empresa, apenas emprestei minha cara para o mercado e acho que essa atitude deu mais tranquilidade a toda a organização. Paralelamente ao conselho da TIM, assumi também como presidente do Instituto Tim — período que me trouxe grande satisfação pessoal pelo potencial transformador das nossas ações (apoiamos, por exemplo, um projeto da Unicef[102] para buscar crianças que estavam fora da escola). Sendo o Mario Girasole o principal artífice do Instituto, con-

---

[101] G1, 26/07/2012. Disponível em: http://g1.globo.com/economia/noticia/2012/07/tim-coloca-presidente-do-conselho-da-empresa-em-comercial-de-tv.html.

[102] Disponível em: https://ogirassol.com.br/geral/instituto-tim-e-unicef-desenvolvem-solucao-para-a-busca-ativa-de-criancas-fora-da-escola?page=3.

tinuei mantendo contato com ele, e, sempre que vou ao Rio, almoçamos na mesma tratoria em Ipanema.

Em 2017, depois daquele episódio com a Polícia Federal tive que repensar minhas participações em conselhos, pelo simples fato de que, apesar de não ser réu, seria investigado, o que poderia causar problemas de *compliance* (integridade corporativa) e governança para as empresas. Em 2020, fui eleito para o conselho da Tempest Serviços de Informática, que trabalha com *cyber security* (segurança cibernética) e, atualmente, é controlada pela Embraer. Aceitei a posição, mesmo me sentindo defasado em estratégia digital. Acredito, porém, que posso aportar a ela a minha experiência na gestão de negócios. Como conselheiro, tentei apoiá-la na criação futura de valor. Em 27 de março de 2023, a Embraer assumiu o controle total da empresa e renunciei ao cargo de conselheiro.

Conclusão
Meus sonhos para o Brasil

Há pelo menos três décadas eu tenho escrito e falado sobre questões que me preocupam no Brasil. Pelo que me lembro, a primeira manifestação pública que fiz sobre a urgência de transformações na sociedade brasileira aconteceu em 1989, no discurso proferido ao receber o prêmio de Executivo Financeiro do Ano, do IBEF, conhecido como O Equilibrista: "Gostaria de poder dizer que vivemos num país onde reina o bom senso, onde os diversos segmentos da sociedade são extremamente conscientes de suas responsabilidades e de seus papéis. Empresários buscam o desenvolvimento econômico sem perder o equilíbrio na formação e distribuição de riqueza. Os governos são cônscios de sua finalidade da promoção do bem-estar social e da gestão dos recursos do povo, com idoneidade a toda prova." Relendo o texto, vejo que continuamos sem solução para os principais problemas nacionais que me incomodavam na época.

O que falei naquele discurso tinha muito de idealismo, mas ainda acredito que a questão brasileira não será resolvida só em Brasília, mas por toda a sociedade. O que me preocupa é que — tirando hiperinflação, resolvida em 1994 — o teor da fala de 1989 continua atual. E mais: revendo os artigos que escrevi para a *Gazeta Mercantil* de 2006 a 2009, chego à conclusão que pouca coisa mudou no nosso país nas últimas décadas. Os meus temas preferidos da coluna eram as reformas política e tributária, o tamanho do Estado, e questões relacionadas à economia, à justiça e à política. Numa segunda-feira de outubro de 2007, em texto que defendia um maior engajamento no processo político nacional, perguntei aos leitores do jornal: "Como modificar e transformar a sociedade?"[103] para responder na sequência: "A resposta mais óbvia é através da educação". O que fizemos desde então em prol da educação de nossas crianças e jovens? Não tenho visto avanços nesse campo e, com a pandemia, a situação só piorou, já que milhões não conseguiram acompanhar as aulas à distância.

É triste constatar que o país persiste nos mesmos erros. Em 2008, escrevi:

"Já está na hora de o Brasil completar algumas tarefas pendentes que há muito tempo vêm sendo prometidas pelos nossos representantes. A lição de casa que precisamos fazer consiste em cinco reformas básicas para pavimentar o caminho que nos levará ao status de um país desenvolvido: a política, a do Judiciário, a trabalhista e sindical, a reforma do Estado e a tributária."[104]

Das reformas mencionadas, apenas a trabalhista se tornou realidade, em 2017. As demais surgem no noticiário conforme a crise do momento para logo serem esquecidas mais uma vez. Conclui aquele artigo assim:

---

[103] "O Brasil tem mesmo jeito", *Gazeta Mercantil*, 08/10/2007.
[104] "Precisamos fazer com urgência a lição de casa", *Gazeta Mercantil*, 10/03/2008.

"Precisamos de um país com menos leis, menos burocracias, com mais justiça, com novos postos de trabalho dentro da formalidade, com menos impostos e mais equilíbrio. (...) Só quando alcançarmos esses objetivos, poderemos dizer que o Brasil está mesmo muito longe de uma crise."

Em vários momentos ocupei o espaço como colunista da *Gazeta Mercantil* para clamar a sociedade por mais engajamento nas questões do país. "Se a sociedade não se mobilizar para cobrar eficiência e muito trabalho de nossas autoridades, tenho receio de que estamos deixando 'para depois' o futuro do nosso país e das próximas gerações"[105]. A nossa sociedade continua incapaz de se organizar para pressionar o poder público. A propósito de um projeto que aumentava o número de vereadores em todo o país, escrevi certa vez que "como se não bastasse o comportamento perdulário da maioria dos nossos homens públicos, vivemos um momento constrangedor em que muitos eleitos para cuidar das leis e do bem-estar da sociedade brasileira mostram que estão preocupados apenas com o seu próprio bem-estar. Até quando a sociedade vai continuar anestesiada, assistindo, perplexa e imóvel?"[106]. Nada foi feito para barrar aquele projeto e desde então temos 7.343 vereadores a mais no país. São quase 60 mil para 5.570 municípios.

As questões políticas apareceram diversas vezes nos meus artigos e, mais uma vez, constato o quanto estacionamos nos mesmos dilemas. Um dos textos, intitulado "Precisamos preservar o espírito democrático" parece ter sido escrito para os dias

---

[105] "A velha mania do 'deixa para depois'", *Gazeta Mercantil*, 01/03/2007.
[106] "O Brasil e a utopia dos políticos", *Gazeta Mercantil*, 28/07/2007.

atuais. Um observador atento do Brasil de hoje há de perceber que nunca o espírito democrático foi tão arranhado quanto nos últimos anos. Na época, o então presidente brasileiro, Luiz Inácio Lula da Silva, estava flertando com a possibilidade de alterar nossa Constituição para lhe permitir um terceiro mandato, assim como Hugo Chávez estava tentando na Venezuela:

"A comentada frase de que a democracia é um dos piores sistemas de governo, mas ainda o melhor dos regimes deveria ser levada mais a sério. (...) O poder inebria e a vaidade cega, mas aparentemente o nosso presidente tem bom senso e ótima percepção política. Portanto, deveremos ter um processo sucessório dentro do ambiente democrático ansiado pela nossa sociedade, contribuindo para o aperfeiçoamento da democracia e a manutenção do crescimento e bem-estar do Brasil."[107]

Uma outra preocupação recorrente era com o tamanho e a ineficiência do Estado brasileiro. Não vi até hoje nenhum país que tenha passado do estágio de emergente para o de desenvolvimento elevado que não tenha seguido a receita doméstica de que os gastos de médio e longo prazos devem ser inferiores à receita obtida. Em novembro de 2006, escrevi na *Gazeta Mercantil*:

"Não sou economista, mas ao longo da minha carreira profissional especializei-me em reestruturar empresas com problemas econômicos e financeiros. Aproveitando essa experiência,

---

[107] "Precisamos preservar o espírito democrático", *Gazeta Mercantil*, 04/12/2007.

durante muitos anos proferi palestras sobre economia doméstica para pequenos grupos de pessoas humildes, que diante da escassez de renda buscavam soluções para a sobrevivência ou para a melhoria de seu padrão de vida.

Em todos esses grupos, iniciava minha exposição mostrando de forma muito simples que a menor célula da economia é o indivíduo e a família, a célula média são as empresas e a macro célula é a economia do país, mas o princípio básico que rege todo esse grande e complexo sistema é o mesmo, ou seja, a administração da escassez."[108]

A lição sobre controle de gastos e a necessidade de guardar um pouco para investir em maior conforto no futuro eram bem recebidas e perfeitamente entendidas pelas plateias que me ouviam. Estamos em 2023 e, infelizmente, esse conceito rudimentar de economia doméstica não é compreendido pelos nossos políticos e governantes. Nas últimas décadas, o setor privado brasileiro, por meio da busca de eficiência e racionalização de estrutura, conseguiu alcançar um bom nível de excelência e competência[109]. Em contrapartida, de 2008 a 2019, a despesa conjunta de União, estados e municípios aumentou de 29,5% para 41% do PIB. Quem pagou essa conta? As empresas e os cidadãos por meio de novos impostos ou aumentos de alíquotas.

Um país não se constrói apenas com boas intenções, mas com ações bem planejadas e muito trabalho, como todos nós fazemos no dia a dia. O problema é que Brasília se considera à margem do nosso grande problema, que continua sendo o

---

[108] "Riqueza escassa e gastos excessivos", *Gazeta Mercantil*, 02/11/2006.
[109] "A longa caminhada para chegar até aqui", *Gazeta Mercantil*, 02/04/2008.

tamanho do gasto público e a dispersão de recursos financiada pela insuportável carga tributária. Refleti sobre isso num artigo publicado na virada do ano de 2006 para 2007:

> *"Temos que ter a consciência de que a falta de crescimento não é culpa de nenhum outro país ou de qualquer força externa. A solução dos nossos problemas está dentro de nós mesmos, e eles devem ser resolvidos pela nossa sociedade com o melhor funcionamento das nossas instituições. Falta-nos, infelizmente, o exercício da nossa cidadania. Nossa sociedade ainda não sabe exigir que os governantes e políticos em geral cumpram o que prometem, tenham comportamento ético e respeitem o povo que os elegeu.*
>
> *Como brasileiros temos que dar um basta e acabar com o grande abismo que existe entre a nossa realidade e o imobilismo e a utopia vivida pelos nossos representantes. Devemos mobilizar os diversos setores da sociedade para dizer a quem nos dirige que queremos um país responsável, que temos que adotar soluções sérias e duradouras, que desejamos formar um país digno para nossos filhos, que também queremos ser uma grande nação."*[110]

Nunca fui um pessimista de plantão, mas também nunca fechei os olhos para nossa carência de líderes políticos capazes de agir com competência e ética, que planejem o nosso futuro e criem condições para recuperar o tempo perdido. "Líderes que sejam exemplos para a nossa sociedade e que criem esperanças

---

[110] "A perplexidade e a indignação geral", *Gazeta Mercantil*, 28/12/2006.

para as camadas mais pobres do nosso país, para que estas acreditem que o bem-estar pode ser alcançado através do esforço do trabalho e não por meio de truques e atitudes desonestas."[111] E eu não me referia apenas aos detentores de cargos obtidos com o voto popular. A eficiência da Justiça também me preocupava:

> *"A Justiça pode, e deve, ser uma das instituições que promovam a mudança de valores neste país. Certamente, este é um dos caminhos que, aliados a maiores investimentos em educação, poderão mudar o padrão social e posicionamento do Brasil no concerto mundial. Alguns passos importantes estão sendo dados. Cabe a nós exercitar nossos direitos como cidadão, para acelerar a transformação da nossa sociedade"[112]*

Em mais de uma vez conclamei nossos homens públicos ao bom senso e à racionalidade. Continuo acreditando que sem uma mudança do setor público não seremos o país que temos potencial para ser. Sem uma reflexão mais aprofundada sobre as reais necessidades de transformação social, política e econômica corremos o risco de repetir os mesmos erros que já conhecemos. E não vejo essa reflexão acontecendo sem uma mobilização da sociedade, como não via em 2007:

> *"(...) a sociedade brasileira assiste ao descalabro dos acontecimentos e, estarrecida, continua inerte, como se nada houvesse a ser feito. É importante, é necessária a mobilização dos vários segmentos da sociedade para mostrar aos poderes públicos que*

---

[111] "Um pouco de poesia versus realidade", *Gazeta Mercantil*, 02/05/2007.
[112] "E a Justiça brasileira, afinal, tem jeito?", *Gazeta Mercantil*, 13/11/2007.

queremos a sua ação imediata para que as tão esperadas refor-
mas sejam realizadas e a impunidade que assola o país tenha
fim. O desencanto que tomou conta de todos não nos leva, por
si só, a lugar algum. Precisamos de ações concretas da socie-
dade para combater a fragilidade institucional e não podemos
permitir que instituições fracas ameacem a nossa democracia.
É nosso dever cuidar e preservar o quadro institucional e para
isso temos que participar do seu aprimoramento."[113]

Eu me preocupo com o país que estou deixando para os meus netos. E se, em nome desse futuro, eu pudesse fazer quatro pedidos a você que chegou até aqui nesta leitura, eu repetiria o que pedi no Natal de 2008, quando o mundo estava mergulhado na crise financeira que devastou economias de países, empresas e pessoas em todo o mundo. Resumidamente, são eles[114]:

1. Gostaria que o ódio entre os povos diminuísse de intensidade.
2. Gostaria que os governantes de todo o mundo se interessassem em colocar mais recursos para a solução dos problemas da miséria e para aqueles causados pelo excesso de poluentes no meio ambiente.
3. Gostaria que a globalização se transforme em realidade no sentido de levar a justiça entre os povos e de melhorar a distribuição de riqueza entre as nações.

---

[113] "Mobilização contra a impunidade", *Gazeta Mercantil*, 30/05/2007.
[114] "Lista de presentes para as festas de fim de ano", *Gazeta Mercantil*, 30/12/2009

O Equilibrista

4. Gostaria que os políticos tomassem decisões com foco no bem-estar da sociedade em geral.

Os pedidos eram de uma simplicidade infantil, mas se fossem levados a sério melhorariam a vida de grande parte da população mundial. "Se pareço ingênuo, peço desculpas, mas tenho esse direito", escrevi à época. Acredito que continuo com esse direito de sonhar por um país e um mundo melhores.

Anexo

Discurso feito ao receber o prêmio Executivo Financeiro do Ano, em 1989:

"Muito me envaidece ter recebido o prêmio O Equilibrista. Gostaria, porém, de compartilhá-lo com toda a minha equipe de trabalho, que funciona como uma verdadeira rede de proteção dos possíveis tropeços que possam acontecer durante a travessia do dia a dia neste turbulento mercado. Devo dividi-lo também, com toda a diretoria executiva da Ericsson do Brasil que assegura uma travessia firme e mais segura. Como todos podem perceber, ser equilibrista com toda esta infraestrutura não é tão difícil. Os verdadeiros equilibristas são aqueles pequenos empresários que, sem nenhuma infraestrutura de apoio, conseguem manter-se, às vezes cambaleantes, na corda bamba que se chama economia brasileira.

O título deste troféu 'O Equilibrista' não poderia ser mais sugestivo para o momento atual. Nas nossas fantasias infantis o equilibrista traz a imagem do circo que pode bem caracterizar o comportamento socioeconômico deste país. Gostaria de poder dizer que vivemos num país onde reinasse o bom senso, onde os diversos segmentos da sociedade fossem extremamente conscientes de suas responsabilidades e de seus papéis. Empre-

sários que buscassem o desenvolvimento econômico sem perder de vista o equilíbrio na formação e distribuição da riqueza. Um governo cônscio da sua finalidade da promoção do bem-estar social e da gestão dos recursos do povo com idoneidade a toda prova. Sonho com um congresso e políticos em geral apenas interessados em fiscalizar o bem público, criando leis compatíveis com a realidade brasileira, sem legislarem em causa própria ou em interesse de grupelhos. Vislumbro sindicatos que lutem contra maus empregadores, mas que apoiem os bons empregadores, promovendo maior produtividade nas empresas. Vejo o povo em geral fugindo da monotonia dos cargos públicos, procurando por empregos que assegurem o crescimento da massa econômica, longe de pensar na máxima de ‘levar vantagem em tudo’ sobre seu vizinho, seu colega, seu irmão. Espero poder sentir o crescimento do espírito comunitário entre nosso povo, que possa fazer inveja aos países mais desenvolvidos do nosso planeta e gostaria de ter a palavra corrupção banida do dicionário brasileiro.

Que Brasil é este? Apenas um sonho? Irreal? Utópico? Impossível? Será que não deveria ser este o Brasil idealizado ou ainda buscado por todos nós? Infelizmente, desacreditamos hoje de tudo e de todos. Não conseguimos ver nenhuma chance de melhora. Quase todos brincamos ao dizer que o poço da economia brasileira não tem fundo, por isto há sempre espaço para a situação piorar mais. Acredito que o maior problema da sociedade brasileira não seja o perigo da hiperinflação, esta é apenas a consequência. O real problema que invadiu a sociedade brasileira é a hipermiopia. Não conseguimos ver um palmo à frente do nosso nariz. Não conseguimos tomar uma decisão sequer que seja para hoje e para o amanhã. Falta-nos a determinação de fazer deste, aquele país antes descrito, utópico para alguns, mas digno de nossos filhos e netos. Tenhamos a coragem de maior engajamento político, de trabalharmos mais na formação da opinião do nosso povo. Tenhamos iniciativa de começar a mudar o Brasil através de nossas famílias, empresas e comunidades. Não aguardemos que as próximas eleições, um novo presidente ou um próximo plano econômico venha mudar as nossas vidas e o nosso país. Temos que promover o Brasil do futuro, através da nossa ação a cada dia. Deixemos de ser espectadores da cena político-econômica. Comecemos a mudança hoje, ela depende de cada um de nós.

Agradeço ao IBEF pela escolha para o recebimento deste prêmio, a todos os colegas que me apoiaram e finalmente tenho também que premiar aqueles que todos os dias antes da peripécia da travessia equilibrada, asseguram que a corda esteja firme e o mais esticada possível: a minha mulher Maria Lúcia e meus filhos, Alexandre e Anacelia.”